Gramática Exegética

del

Nuevo Testamento

en

Griego

por J. Harold Greenlee

Traducido por
J. Harold Greenlee y José Guerra

First Fruits Press
Wilmore, Kentucky
c2020

ISBN: 9781621718628 (print), 9781621718635 (digital), 9781621718642 (kindle)

Gramatica Exegética del Nuevo Testamento en Griego.
Por J. Harold Greenlee.
First Fruits Press, ©2020
Spanish translation of: A Concise Exegetical Grammar of New Testament Greek.
Digital version at http://place.asburyseminary.edu/academicbooks/29

For all other uses, contact:
First Fruits Press
B.L. Fisher Library
Asbury Theological Seminary
204 N. Lexington Ave.
Wilmore, KY 40390
http://place.asburyseminary.edu/firstfruits

Greenlee, J. Harold (Jacob Harold), 1918-2015.
  Gramatica exegética del Nuevo Testamento en Griego / por J. Harold Greenlee ; [translated by J. Harold Greenlee and Jose Guerra]. – Wilmore, KY : First Fruits Press, ©2020.
    146 pages ; cm.
    Translation of: A Concise Exegetical Grammar of New Testament Greek.
    ISBN: 9781621718628 (pbk.)

    1. Greek language, Biblical--Grammar. I. Title. II. A concise exegetical grammar of New Testament Greek.

PA817.G718 2020   487.4

Cover design by Jon Ramsay

asburyseminary.edu
800.2ASBURY
204 North Lexington Avenue
Wilmore, Kentucky 40390

First Fruits
THE ACADEMIC OPEN PRESS OF ASBURY SEMINARY

First Fruits Press

The Academic Open Press of Asbury Theological Seminary

204 N. Lexington Ave., Wilmore, KY 40390

859-858-2236

first.fruits@asburyseminary.edu

asbury.to/firstfruits

Prefacio a la Traducción Española

Este libro ha sido preparado especialmente para los que han terminado el cursillo básico en el griego del Nuevo Testamento. Tiene el propósito de presentar, en forma concisa, sencilla, y práctica, los principios de la gramática con sus significados para la exégesis del Nuevo Testamento en su idioma original.

En vista del propósito práctico, no se tratan todas las excepciones de las reglas. Más bien, se busca poner en claro los principios que se encuentran frecuentemente en el Nuevo Testamento, para que el estudiante use "bien la palabra de verdad" (2 Tim. 2:15).

El presente libro es una traducción y adaptación del libro, *A Concise Exegetical Gramar of New Testament Greek* (Grand Rapids: Eerdmans, 1963; derechos reservados 1953), por el mismo autor. Existe una traducción en chino, publicada por el Taiwán Evangel Press para el Holy Light Bible Seminary, Kaohsiung, Taiwan, en 1968; y una traducción en portugués—todavía no publicada—del Instituto Evangélico Missionário, Jacutinga, Minas Gerais, Brazil. La traducción presente, y las mencionadas, fueron hechas con el debido permiso del autor y de la Editorial Eerdmans.

La traducción es en parte mía, y en parte la del Sr. José Guerra, quien también a la vez revisó la mía y cortó los esténciles. Le expreso mis más sinceros agradecimientos por su ayuda y colaboración. Quiero agradecer también al Sr. Alejandro Guarderas y al Sr. Jorge Arbelaez, quienes me ayudaron en las primeras etapas de la traducción; al Profesor Harold Burden, quien me dió sugerencias valiosas; y a la Sra. Loida Vargas de Gallego y al Sr. Leonardo Zapata, quienes lo pasaron en mimeógrafo.

> J. Harold Greenlee
> Seminario Bíblico Unido de Colombia
> Medellín, Colombia
> Octubre 1, 1971

Tabla de Contenido

ETIMOLOGIA

SINTAXIS

Gramática Exegética Concisa del Griego del Nuevo Testamento

El propósito de la gramática exegética es capacitar al intérprete para reproducir en su propia mente el pensamiento exacto de cada forma o expresión dada que aparezca en el Nuevo Testamento, y entonces expresar ese pensamiento, lo más aproximado posible, en su propio idioma.

(E. D. Burton, *Syntax of the Moods and Tenses in New Testament Greek*, p. 2-5).

El texto griego a usar es el de las Sociedades Bíblicas, edición de 1966.

ETIMOLOGIA

El Alfabeto

Minúsculas

α β γ δ ε ζ η θ ι κ λ μ ν ξ ο π ρ σ/ς τ υ φ χ ψ ω

Mayúsculas

Α Β Γ Δ Ε Ζ Η Θ Ι Κ Λ Μ Ν Ξ Ο Π Ρ Σ Τ Υ Φ Χ Ψ Ω

Vocales y diptongos

Vocales

α ε η ι ο υ ω

➤ Largas: η ω
➤ Cortas: ε ο
➤ Largas o cortas: α ι υ

Diptongos

αι   αυ   ᾳ   ηυ

ει   ευ   ῃ   ωυ

οι   ου   ῳ

υι

Una sílaba larga es aquella que contiene una vocal larga o un diptongo.

Excepción. Cuando los diptongos αι u οι son las dos últimas letras de una palabra, se consideran como cortas por razones de acentuación cuando el acento cae sobre alguna otra sílaba.

Acentos

Reglas generales

1. El acento *agudo* puede caer sobre cualquiera de las *tres* ultimas sílabas.

   El acento *circunflejo* puede caer sobre cualquiera de las *dos* últimas silabas.

   El acento *grave* se sustituye por el agudo sobre la última sílaba cuando siguen otras palabras sin que intervenga puntuación.

2. Si *la última es larga*, el acento agudo puede caer sólo sobre una de las dos últimas sílabas y el circunflejo sólo sobre la última sílaba.

3. El circunflejo puede caer sólo sobre sílabas largas.

4. Cuando el acento cae sobre la penúltima sílaba y ésta es larga y la última es corta, el acento tiene que ser circunflejo.

El acento del *verbo* es recesivo—v.g., el acento es colocado tan lejos de la última sílaba, hasta donde las reglas generales lo permitan.

Los *sustantivos* retienen el acento en la misma sílaba sobre la cual cae en la forma nominativa singular, hasta donde las reglas generales lo permitan.

Los *enclíticos* se acentúan con la palabra que los precede. Por razones de acentuación, generalmente se consideran como sílabas adicionales de la palabra que precede.

1. Si las reglas generales para la acentuación no se violan cuando se trata el enclítico como parte de lo palabra anterior, no se tiene que hacer nada más;

   P.e., δώρου με, γραφή με, γραφή ἐστίν, γραφῆ σε.

   Pero tampoco se tendrá que hacer nada—

   a. Si el agudo cae hasta la tercera sílaba atrás incluyendo el enclítico o si el circunflejo cae hasta la segunda sílaba atras, no importa si la última del enclítico es larga o corta;

      P.e., ἀνθρώπου μου, υἱῷ σου.

   b. Si la palabra antes del enclítico tiene acento en la última, no importa si es el agudo o el circunflejo, ni si el enclítico tiene una o dos sílabas;

      P.e., υἱός ἐστιν, υἱῷ ἐσμεν, γραφαῖς σου.

2. Si las reglas (con las excepciones ya notadas) se violan—

   a. La primera solución es agregar un agudo en la última de la palabra anterior;

      P.e., ἀνθρωπός σου, δῶρόν μου.

b. Pero *no* se puede tener dos acentos idénticos en sílabas sucesivas de la misma palabra (por ejemplo, δώρῳ ἐστιν sería incorrecto). Por esto, si la palabra anterior ya tiene agudo en la penúltima y otro acento es necesario porque el enclítico tiene dos sílabas, el enclítico tiene que recibir su propio acento;

P.e., δώρῳ ἐστίν.

3. Si el enclítico sigue a otra palabra que no tiene acento (sea proclítico o enclítico), la primera de las dos recibe el agudo en la última;

P.e., οὐκ ἐσμεν llega a ser οὔκ ἐσμεν; ἀνθρώπου μου ἐστιν llega a ser ἀνθρώπου μού ἐστιν.
(Excepción: οὐκ ἐστιν se acentúa οὐκ ἔστιν.)

4. Si hay énfasis en el enclítico, recibe su propio acento

P.e., ἐν τῷ ἱερῷ ἐσμέν, "(Ya) estamos en el templo (aunque no estabamos allí ayer)."

5. Si el enclítico es la primera palabra de su cláusula, recibe su propio acento (por falta de palabra anterior con que pronunciarse; ἐστὶν υἱὸς ἐν τῷ οἴκῳ. Sin embargo, ya que enclíticos son "palabras débiles," no deben ocupar la primera posición, la cual es una posición de énfasis, si no reciben énfasis).

Note que *nunca* puede cambiarse el acento propio de la palabra antes del enclítico—ni a otra sílaba ni de agudo en circunflejo ni viceversa. Note también que agrega un acento, realmente es el acento del enclítico que se agrega, aunque caiga en la palabra anterior.

Reglas sobre contracción de vocales

Dos vocales que pueden formar un diptongo lo hacen de la siguiente manera:

      P.e., ε + ι forman ει.

De dos vocales semejantes resultará la forma larga.

      P.e., ε + η forman η; α + α forman α larga.

      <u>Excepción</u>: ε + ε forman ει; ο + ο forman ου.

Una vocal "ο" contrae con una vocal "a" o "e" para formar ω.

      P.e., α + ο forman ω.

      <u>Excepciones</u>: ε + ο u ο + ε forman ου.

Cuando una vocal "a" y una vocal "e" se contraen, la forma larga de la que esté primero, se forma.

      P.e., ε + α forman η; α + η forman α larga.

Cuando una vocal se contrae con un diptongo que empieza con la misma vocal, la primera vocal desaparece y el diptongo queda igual.

      P.e., ο + ου forman ου.

Cuando una vocal se contrae con un diptongo que empieza con una vocal diferente, se contrae la vocal con la primera vocal del diptongo, de acuerdo a las reglas anteriores.

La segunda vocal del diptongo desaparece si es υ, o se convierte en suscrita si es ι.

      P.e., α + ει forman ᾳ.

      <u>Excepciones</u>: ο + ει u ο + η forman οι.

En los infinitivos presentes activos ά–ειν contrae en –ᾶν y ό–ειν contrae en –οῦν.

El acento de sílabas contraídas. Si una de las sílabas que se contraen recibiría el acento al escribirse la palabra sin contracción, la sílaba que resulta de la contracción recibirá el acento. Si esta sílaba que resulta es la última, el acento será el circunflejo; si es otra, las reglas generales para la acentuación indicarán cuál acento será.

Sumario de las contracciones de las vocales (pero noten G. arriba):

La primera	La segunda							
	ω	ο	ου	οι	ε	ει	η	ῃ
α	ω	ω	ω	ῳ	α	ᾳ	α	ᾳ
ο	ω	ου	ου	οι	ου	οι	ω	οι
ε	ω	ου	ου	οι	ει	ει	η	ῃ

La υ movible

Para facilitar la pronunciación, la letra υ se agrega al dativo plural que termine en ι y a la tercera persona de los verbos que terminen en ε o ι (pero no -ει), cuando a ellos sigue puntuación o una vocal, y algunas veces antes de δ y ciertas otras consonantes.

Paradigmas

Terminaciones de las declinaciones

Clave para todas las tres declinaciones: el artículo definido y el pronombre indefinido.

1. Clases de sustantivos de la *primera declinación*

   a. Raíz terminada en vocal o ρ; nominativo singular α (largo o corta).

	Singular	Plural
Nom.	-α	-αι
Gen.	-ας (larga)	-ῶν
Dat.	-α	-αις
Acu.	-αν (lo mismo como el nom.)	-ας (larga)
Voc.	-α (lo mismo como el nom.)	-αι

b. Raíz terminada en consonante; nominativo singular α (largo o corta).

	Singular	Plural
Nom.	-α	-αι
Gen.	-ης	-ῶν
Dat.	-ῃ	-αις
Acu.	-αν (lo mismo como el nom.)	-ας (larga)
Voc.	-α (lo mismo como el nom.)	-αι

c. Nominativo singular

	Singular	Plural
Nom.	-η	-αι
Gen.	-ης	-ῶν
Dat.	-ῃ	-αις
Acu.	-ην	-ας (larga)
Voc.	-η	-αι

d. Sustantivos masculinos

	Singular	Plural
Nom.	-ης	-αι
Gen.	-ου	-ῶν
Dat.	-ῃ	-αις
Acu.	-ην	-ας (larga)
Voc.	-α	-αι

e. Resumen de las terminaciones de la primera declinación

	Singulares				Plural
Nom.	-α	-α	-η	-ης	-αι
Gen.	-ας	-ης	-ης	-ου	-ῶν
Dat.	-ᾳ	-ῃ	-ῃ	-ῃ	-αις
Acu.	-αν	-αν	-ην	-ην	-ας (larga)
Voc.	-α	-α	-η	-α	-αι

2. Clases de sustantivos de la *segunda declinación*

a. Todos excepto los sustantivos neutros

	Singular	Plural
Nom.	-ος	-οι
Gen.	-ου	-ων
Dat.	-ῳ	-οις
Acu.	-ον	-ους
Voc.	-ε	-οι

b. Sustantivos neutros

	Singular	Plural
Nom.	-ον	-α
Gen.	-ου	-ων
Dat.	-ῳ	-οις
Acu.	-ον	-α
Voc.	-ον	-α

3. Las terminaciones de la tercera declinación toman varias formas, debido a la contracción, etc. La raíz tiene que aprenderse del genitivo singular. Las terminaciones más comunes son como sigue:

	Singular	Plural
Nom.	(varios)	-ες, -εις, α, η
Gen.	-ος, -εως, -ους	-ων
Dat.	-ι, -ει	-σι
Acu.	-α, -ν	-ας, -εις, α, η
Voc.	(varios)	-ες

Formas Verbales

1. Partes principales de los verbos y formación de los verbos regulares.

   a. Identificación y formación

Primero	Presente activo indicativo primera persona singular. La raíz del verbo más la terminación -ω. P.e., πιστεύ- + -ω = πιστεύω
Segundo	Futuro activo indicativo primera persona singular. La raíz del verbo más el afijo del tiempo σ y la terminación -ω. P.e., πιστεύ- + σ + -ω = πιστεύσω
Tercero	Aoristo activo indicativo primera persona singular. Los verbos del <u>primer aoristo</u> tienen la raíz del verbo aumentada más el afijo del tiempo σ y la terminación -α. P.e., ἐ- + πίστευ- + σ + -α = ἐπίστευσα Los verbos del <u>segundo aoristo</u> se forman generalmente sobre la raíz del verbo alterada y aumentada más la terminación -ον. P.e., ἐ- + λαβ- + -ον = ἔλαβον
Cuarto	Perfecto activo indicativo primera persona singular. La raíz del verbo reduplicada más el afijo del tiempo κ y la terminación -α. P.e., πε- + πιστευ- + κ + -α = πεπίστευκα
Quinto	Perfecto medio (y pasivo) indicativo primera persona singular. La raíz del verbo reduplicada más la terminación -μαι (sin ninguna vocal variable que preceda). P.e., πε- + πιστευ- + -μαι = πεπίστευμαι
Sexto	Aoristo pasivo indicativo primera persona singular. La raíz del verbo aumentada más el afijo del tiempo θ y la terminación -ην. P.e., ἐ- + πιστεύ- + θ + -ην = ἐπιστεύθην

b. Tiempos derivados de cada parte principal. (Todos los modos de un tiempo dado se derivan de la misma parte principal).

Primero	Presente activo, medio y pasivo. Imperfecto activo, medio y pasivo (aumento y terminación secundaria).
Segundo	Futuro activo y medio
Tercero	Aoristo (primero y segundo) activo y medio.
Cuarto	Perfecto activo. Pluscuamperfecto activo (algunas veces aumento, terminación secundaria).
Quinto	Perfecto medio y pasivo. Pluscuamperfecto medio y pasivo (algunas veces aumento, terminación secundaria).
Sexto	Aoristo pasivo Futuro pasivo (saque el aumento, agregue -ησ- y la terminación primaria media).

2. Terminaciones verbales

   a. Las formas básicas

Primaria	**Activa**	**Primaria**	**Media**
-ω	-ομεν	-ομαι	-ομεθα
-εις	-ετε	-η	-εσθε
-ει	-ουσι	-εται	-ονται
Secundaria	**Activa**	**Secundaria**	**Media**
-ον	-ομεν	-ομην	-ομεθα
-ες	-ετε	-ου	-εσθε
-ε	-ον	-ετο	-οντο

b. Uso de las formas básicas

1) En los tiempos del modo indicativo, con modificaciones de las formas básicas como sean requeridas.

a) *Terminaciones primarias activas*
Presente activo
Futuro activo

b) *Terminaciones primarias medias*
Presente medio y pasivo
Futuro medio
Futuro pasivo
Perfecto medio y pasivo: Omita la vocal variable. Segunda persona singular, -σαι.

c) *Terminaciones secundarias activas*
Imperfecto activo
Primer aoristo activo: la vocal variable es α (ε en la tercera persona singular). Terminación de la primera persona singular, -α.
Segundo aoristo activo
Aoristo pasivo: la vocal variable es η. La terminación de la tercera persona plural es -ησαν.
Perfecto activo: la vocal variable es α (ε en la tercera persona singular). La terminación de la primera persona singular es -α. La terminación de la tercera persona plural es a veces -ασι.
Pluscuamperfecto activo: la vocal variable cambia a ει. La terminación de la tercera persona plural es -εισαν.

d) *Terminaciones secundarias medias*

Imperfecto medio y pasivo

Primer aoristo medio: la vocal variable es α. La terminación de la segunda persona singular es -ω.

Segundo aoristo medio

Pluscuamperfecto medio y pasivo: Sin vocal variable. La terminación de la segunda persona singular es -σο.

2) El modo subjuntivo

a) Todos los tiempos usan las terminaciones primarias (activa o media, como en el modo indicativo).

b) La vocal variable se alarga:

o se convierte en ω, ε en η, ου en ω.

c) El aoristo no usa aumento para la raíz.

d) Puesto que el perfecto medio y pasivo no tienen vocal variable, estas formas tienen que ser escritas perifrásticamente en el modo subjuntivo.

3) El modo imperativo

a) La segunda persona singular tiene que aprenderse por separado.

b) La segunda persona plural en un tiempo y voz dados es la misma que su forma correspondiente del modo *indicativo*.

c) La tercera persona singular se forma sustituyendo la ω por la ε final de la segunda persona plural del mismo tiempo y voz.

d) La tercera persona plural se forma agregando -σαν a la tercera persona singular del mismo tiempo y voz.

c. Terminaciones del infinitivo

Presente activo	-ειν	πιστεύειν
Presente medio y pasivo	-εσθαι	πιστεύεσθαι
Primer aoristo activo	-αι	πιστεῦσαι
Primer aoristo medio	-ασθαι	πιστεύσασθαι
Segundo aoristo activo	-εῖν	ἰδεῖν
Segundo aoristo medio	-εσθαι	ἰδέσθαι
Aoristo pasivo	-ῆναι	πιστευθῆναι
Perfecto activo	-έναι	πεπιστευκέναι
Perfecto medio y pasivo	-σθαι	πεπιστεῦσθαι

d. Terminaciones del participio

1) Todos los participios activos y el aoristo pasivo se declinan como sustantivos de tercera, primera y tercera declinación.

Presente activo

Nom. sg.	-ων	-ουσα	-ον
Gen. sg.	-οντος	-ούσης	-οντος

Primer aoristo activo

Nom. sg.	-ας	-ασα	-αν
Gen. sg.	-αντος	-ασης	-αντος

Segundo aoristo activo

Nom. sg.	-ών	-οῦσα	-όν
Gen. sg.	-οντος	-ούσης	-οντος

Perfecto activo

Nom. sg.	-ώς	-υῖα	-ός
Gen. sg.	-ότος	-υίας	-ότος

Aoristo pasivo

Nom. sg.	-είς	-εῖσα	-έν
Gen. sg.	-έντος	-είσης	-έντος

2) Todos los participios medios y pasivos excepto el aoristo pasivo se declinan como los adjetivos de la segunda, primera y segunda declinación.

Presente medio y pasivo

-όμενος	-ομένη	-όμενον

Primer aoristo medio

-άμενος	-αμένη	-άμενον

Segundo aoristo medio

-όμενος	-ομένη	-όμενον

Perfecto medio y pasivo

-μένος	-μένη	-μένον

e. La conjugación -μι (vea Appendix de Machen para todas formas) Los verbos de la segunda conjugación -μι difieren de la conjugación -ω en: 1) todas las formas que se derivan de la primera parte principal (el presente y el imperfecto en todas las voces), y 2) en el aoristo activo y medio de todos los modos y las formas *excepto el indicativo*.

1) Aunque la vocal que precede la terminación difiere en algunos verbos (por ejemplo, δίδωμι), la siguiente es un ejemplo de la conjugación del *presente activo de un verbo en* -μι

Singular			Plural
τίθημι	1a		τίθεμεν
τίθης	2a		τίθετε
τίθησι(ν)	3a		τιθέασι(ν)

2) Debe familiarizarse con las terminaciones del presente medio y pasivo, y del imperfecto; pero no son muy distintas a las de la conjugación en -ω.

3) Los modos fuera del indicativo. La vocal del afijo del modo difiere en algunos verbos. Las formas que siguen son típicas:

a) El presente

Participio activo		
τιθ-είς	τιθ-εῖσα	τιθ-έν
διδ-ούς	διδ-οῦσα	διδ-όν

Participio medio y pasivo		
τιθ-έμενος	-η	-ον
διδ-όμενος	-η	-ον

Infinitivo activo, medio y pasivo	
τιθ-έναι	τίθ-εσθαι
διδ-όναι	δίδ-οσθαι

Familiarícese con las formas de los otros modos.

b) El aoristo activo y medio

Fuera del indicativo, el aoristo activo y medio de los modos, no se forma de la raíz de la tercera parte principal, sino por quitar la reduplicación de la forma correspondiente del presente (con cambio pequeño en unas formas); P.e.,

	Presente	Aoristo
Participios	τιθείς	θείς
	τιθέμενος	θέμενος
Infinitivo	διδόναι	δοῦναι
	τιθέναι	θεῖναι

f. El modo optativo es raro en el Nuevo Testamento. Unos ejemplos son:

γένοιτο, segundo aoristo deponente optativo, 3a persona singular de γίνομαι.

εἴη, presente 3a persona singular de εἰμί.

3. Formaciones del tiempo perifrástico.

Las formas perifrásticas pueden traducirse como sus correspondientes formas regulares, pero enfatizan su aspecto progresivo o el estado que resulta. (Vea más adelante).

P.e., compare ἔλυες y ἦν λύων, "desatabas", "estabas desatando."

a. Tiempos que usan el participio presente, y enfatizan el aspecto progresivo.

1) *Presente*

Participio presente de un verbo dado, con el tiempo presente de εἰμί.

P.e., ἐστί λύων o λύων ἐστί, "está desatando"

2) *Imperfecto*

Participio presente de un verbo dado, con el tiempo imperfecto de εἰμί.

P.e., ἦν λύων, "estaba desatando"

3) *Futuro*

Participio presente de un verbo dado, con el tiempo futuro de εἰμί.

P.e., ἔσται λύων, "estará desatando"

b. Tiempos que usan el participio perfecto, posiblemente haciendo énfasis en el aspecto perfectivo o estado que resulta.

1) *Perfecto* (presente perfecto)

Participio perfecto de un verbo dado, con el tiempo presente de εἰμί.

P.e., ἐστὶ λελυκώς o λελυκώς ἐστί.

2) *Pluscuamperfecto* (pasado perfecto)

Participio perfecto de un verbo dado, con el tiempo imperfecto de εἰμί.

P.e., ἦν λελυκώς

3) *Futuro Perfecto* (Este tiempo siempre es perifrástico en el Nuevo Testamento).

Participio perfecto de un verbo dado, con el tiempo futuro de εἰμί.

P.e., ἔσται λελυκώς

c. En estas formas perifrásticas, todos los modos, incluyendo el infinitivo, pueden expresarse por la modificación indicada.

El modo se cambia al cambiar el modo de εἰμί
  P.e., ᾖς λύων, "(para que) estés desatando"

La voz se cambia al cambiar la voz del participio.
  P.e., εἰμί λυόμενος, "estoy siendo desatado"

La persona y el número se cambian al hacer los propios cambios en εἰμί y el participio;
  P.e., ὦμεν λύοντες, λυόμενοί ἐστε

Adjetivos

Posición atributiva y predicativa

1. Cuando se usa con un sustantivo que tiene artículo definido, un adjetivo o participio en posición *atributiva* se coloca entre el sustantivo y su artículo o siguiendo al sustantivo con el artículo repetido delante del adjetivo o participio.

    P.e., ὁ καλὸς λόγος, / ὁ λὸγος ὁ καλός,
    "la palabra buena"

2. Cuando se usa con un sustantivo que tiene artículo definido, un adjetivo o participio en posición *predicativa* se coloca delante del sustantivo y su artículo o siguiendo el nombre pero sin repetir el artículo.

    P.e., καλὸς ὁ λόγος, / ὁ λόγος καλός,
    "la palabra es buena"

3. Cuando se usa con un sustantivo que no tiene artículo definido, un adjetivo o participio puede colocarse antes o siguiendo el sustantivo sin artículo, y puede ser posición atributiva o predicativa, según lo indique el contexto.

    P.e., καλὸς λόγος, / λόγος καλός,
    "una palabra buena" o "una palabra es buena"

Tipos de adjetivos

1. Adjetivos de la primera y segunda declinación.
   El género femenino es de la primera declinación. La vocal de las terminaciones en el singular es α <u>larga</u> si la raíz termina en una vocal o en ρ, de otra manera será η.

   > P.e., ἀγαθός, ἀγαθή, ἀγαθόν;
   > δίκαιος, δικαία, δίκαιον;

   Los participios de la voz media (y casi todos los pasivos, excepto el aoristo) se declinan de la misma manera.
   Algunos adjetivos pertenecen a la segunda declinación solamente, y las terminaciones femeninas son idénticas a las del masculino.

   > P.e., αἰώνιος, αἰώνιον; "eterno"

2. Adjetivos de la primera y tercera declinación.
   El género femenino pertenece a la primera declinación, el masculino y el neutro a la tercera. La vocal de las terminaciones del nominativo singular femenino siempre es corta.

   > P.e., πᾶς, πᾶσα, πᾶν;
   > Gen. sg., πάντος, πάσης, πάντος; "todo."

   Los participios de la voz activa (y aoristo pasivo) se declinan así, excepto que los participios, siguen la regla de los sustantivos respecto al acento y tienen un acento circunflejo sobre la última sílaba del genitivo plural.

3. Algunos adjetivos pertenecen solamente a la tercera declinación, y las terminaciones femeninas son idénticas a las del masculino.

P.e., ἀληθής, ἀληθές; "verdadero"

Comparación de adjetivos

1. Grado comparativo: raíz más -τερος, -τερα, -τερον
(primera y segunda declinaciones)
Grado superlativo: raíz más -τατος, -τατη, -τατον
(primera y segunda declinaciones)

P.e., ἰσχυρός, ἰσχυρότερος, ἰσχυρότατος,
"fuerte", "más fuerte", "el más fuerte".

2. Grado comparativo: raíz (posiblemente modificada) más -ίων, -ίων, -ίον (tercera declinación)
Grado superlativo: raíz (posiblemente modificada) más -ιστος, -ίστη, -ιστον (tercera y segunda declinaciones)

P.e., μέγας, μείξων, μέγιστος,
"grande", "mayor", "el más grande".

3. Muchos adjetivos tienen un comparativo irregular.

P.e., ἀγαθός, κρείσσων, κράτιστος
"bueno", "mejor", "lo mejor".

Pronombres

Personales

1. Primera Persona: "yo", "nosotros", etc.
    Singular: ἐγώ, ἐμοῦ (μου), ἐμοί (μοι), ἐμέ (με)
    Plural: ἡμεῖς, ἡμῶν, ἡμῖν, ἡμᾶς

2. Segunda persona: "tú", "vosotros", etc.
    Singular: σύ, σοῦ (σου), σοί (σοι), σέ (σε)
    Plural: ὑμεῖς, ὑμῶν, ὑμῖν, ὑμᾶς

3. Tercera persona: "él", "ella", "ellos", "ellas", etc.
    αὐτός, αὐτή, αὐτό, (no generalmente en el nom. singular),
    declinados como adjetivos de la primera y segunda declinación
    Singular: αὐτός, αὐτή, αὐτό
    Plural: αὐτοί, αὐταί, αὐτά

Posesivos: "mío", "nuestro", etc.

El caso genitivo de los pronombres personales, generalmente las
formas no enfáticas: μου, σου, ἡμῶν, ὑμῶν, αὐτοῦ, αὐτῶν
Hay también *adjetivos* posesivos; se declinan como los
adjetivos de la primera y segunda declinación: Primera persona
singular ἐμός, plural ἡμέτερος; segunda persona singular
σός, plural ὑμέτερος. El adjetivo posesivo enfático, usado con
cualquier persona es ἴδιος, -α, -ον ("suyo", "su propio", etc.);

P.e., ὁ ἴδιος υἱός, "su propio hijo"

Intensivo:

"yo mismo", "él mismo", etc, cuando es usado en aposición a un sustantivo o pronombre: αὐτός, en posición predicativa a su antecedente sustantivo;

P.e., ὁ δοῦλος αὐτός, "el esclavo mismo"
(no otra persona, sino él mismo)

Reflexivo

"mi mismo", "nosotros mismos", etc., cuando es usado en el predicado para referirse a un antecedente en el sujeto (No se usa en el nominativo).

1. Primera persona singular: ἐμαυτοῦ, etc. 1 y 2 declinación.

2. Segunda persona singular: σεαυτοῦ, etc. 1 y 2 declinación.

3. Tercera persona singular: ἑαυτοῦ, etc. 1 y 2 declinación.

4. Plural de todas las personas: ἑαυτῶν, etc. 1 y 2 declinación.

P.e., βλέπω ἐμαυτόν "me veo a mí mismo".

El caso genitivo del pronombre reflexivo puede usarse como un pronombre posesivo enfático.

P.e., Mat. 8:22, τοὺς ἑαυτῶν νεκρούς,
"sus propios muertos".

Recíproco (unos a otros)

Siempre está en plural, cualquier género, no se usa en el caso nominativo. ἀλλήλων, etc., primera y segunda declinación;

Mat. 24:10, μισήσουσιν ἀλλήλους, "se aborrecerán unos a otros".

Relativo: "quien", "que", "cual"

ὅς, ἥ, ὅ, declinados como un adjetivo de primera y segunda declinación.

Interrogativo: "quién?", "qué?", "cuál?"

τίς, τί, declinados de acuerdo a la tercera declinación. El acento agudo cae en la primera sílaba y nunca cambia a grave.

Indefinido: "alguien", "algo", "alguno"

τις, τι, declinados como el pronombre interrogativo, pero enclíticos, sin acento propio.

Relativo Indefinido: "quienquiera", "cualquiera", "lo que sea"

ὅστις, ἥτις, ὅτι. Usados en caso nominativo singular y plural, a veces indefinida, a veces cualitativa, a veces casi como el relativo

Demostrativo:

"Esto", "esta", "este": οὗτος, αὕτη, τοῦτο
"Eso", "aquello", "esa", "ese": ἐκεῖνος, ἐκείνη, ἐκεῖνο
Se declinan como los adjetivos de la primera y segunda declinación.

Numerales

Las letras griegas son usadas como numerales, en un sistema más parecido al sistema romano que al arábigo, aunque difiere de ambos. En vista de que algunas letras fueron sacadas del alfabeto griego en tiempos muy antiguos, tres símbolos adicionales se han suplido como numerales: ς (stigma), 6; ϙ (koppa), 90; y ϡ (sampi), 900. Cuando las letras se utilizan como numerales se coloca un acento agudo sobre la última letra. Al colocarse un acento agudo invertido sobre una letra, multiplica su valor numérico por mil.

Símbolo	Valor	Nombre	Símbolo	Valor	Nombre
ά	1	εἷς, μία, ἕν	ιέ	15	πεντεκαίδεκα
β	2	δύο	ιϛ	16	ἑκκαίδεκα
γ	3	τρεῖς, τρία	κ	20	εἴκοσι(ν)
δ	4	τέσσαρες, –α	κά	21	εἴκοσι καὶ εἷς
έ	5	πέντε	κβ	22	εἴκοσι καὶ δύο
ς	6	ἕξ	λ	30	τριάκοντα
ζ	7	ἑπτά	μ	40	τεσσαράκοντα
η	8	ὀκτω	ν	50	πεντήκοντα
θ	9	ἐννέα	ξ	60	ἑξήκοντα
ι	10	δέκα	ο	70	ἑβδομήκοντα
ιά	11	ἕνδεκα	π	80	ὀγδοήκοντα
ιβ	12	δώδεκα	ϙ	90	ἐνενήκοντα
ιγ	13	τρισκαίδεκα	ρ	100	ἑκατόν
ιδ	14	τεσσαρεσκαίδεκα	ς	200	διακόσιοι

τ´	300	τριακόσιοι	´α	1000	χίλιοι
υ´	400	τετρακόσιοι	´αά	1001	χίλιοι καὶ εἷς
φ´	500	πεντακόσιοι	´αρ	1100	χίλιοι καὶ ἑκατόν
χ´	600	ἑξακόσιοι	´β	2000	δισχίλιοι
ψ´	700	ἑπτακόσιοι	´δ	4000	τετρασχίλιοι
ω´	800	ὀκτακόσιοι	´ι	10000	μύριοι
ϡ´	900	ἐνακόσιοι			

εἷς se declina según la primera y tercera declinaciones. δύο es indeclinable, excepto para la forma dativa δυσί(ν).

τρεῖς y τέσσαρες se declina según la tercera declinación. El resto son indeclinables hasta doscientos.

διακόσιοι (doscientos) y los siguientes cientos y miles, se declinan según el plural de la primera y segunda declinación.

Adverbios

Principales adverbios correlativos

	Demostrativos	Relativos	Interrogativos	Indefinidos
Tiempo	τότε, cuando νῦν, ahora	ὅτε, cuando	πότε, ¿cuándo?	ποτε, alguna vez
Lugar	ὧδε, aquí αὐτοῦ, aquí allí	οὗ, donde	ποῦ, ¿dónde?	που, alguna parte
	ἐκεῖ, allí ἐντεῦθεν, de aquí	ὅθεν, de donde	πόθεν, ¿de donde?	
Modo	οὕτω(ς), asi, de esta manera	ὡς, como	πῶς, ¿cómo?	πως, de algun modo

Igual que en español se utiliza el sufijo adverbial -mente, en griego muchos adverbios se forman agregando -ως a la raíz del adjetivo correspondiente.

P.e., δίκαιος, "justo"; δικαίως, "juntamente".

De vez en cuando encontramos el sufijo adverbial "de, desde."

P.e., ἐντεῦθεν, "de aquí", "desde aquí".

Formación de palabras

Sufijos

1. Principales sufijos que forman sustantivos significando:

   Agente: -της (gen. -του)   Masc. 1ra declinación
            -ευς (gen. -έως)   Masc. 3ra declinación

   Instrumento: -τρον   Neut. 2da declinación

   Acción o proceso: -σις (gen. -σεως)   Fem   3ra declinación
                       -μος   Masc. 2da declinación

   Resultado, o la cosa misma:
          -μα (gen. -ματος)   Neut. 3ra declinación

   Cualidad: -ία, -ή o -οσύνη   Fem. 1ra declinación
              -της (gen. -τητος)   Fem. 3ra declinación

   Diminutivo (Derivado a, o relacionado con):
          -ιον   Neut. 2da declinación

a. Ejemplos de lo que se ha mencionado, respectivamente:

μαθητής, uno que aprende, un discípulo.

βασιλεύς, uno que reina, un rey.

ἀμφιβλήστρον, un instrumento para arrojarlo alrededor, una red.

κρίσις, el proceso de juzgar.

καθαρισμός, el proceso de limpiar.

γράμμα, el resultado de escribir, una letra.

σοφία, la cualidad de ser sabio, sabiduría.

δικαιοσύνη, la cualidad de ser recto, justicia.

ἁγιότης, la cualidad de ser santo, santidad.

παιδίον, un niñito.

b. Excepciones

El sufijo de acción, -σις se usa algunas veces para expresar el resultado de la acción la cosa misma (así como en español, universidad).

-μος, aveces, el estado

P.e., κρίσις, usado para expresar el acto de juzgar, pero algunas veces el juicio pronunciado como un resultado (por κρίμα)

El sufijo diminutivo pierde algunas veces su fuerza diminutiva. Otros nombres terminados en -ιον no son diminutivos sino formas neutras sustantivadas de adjetivos que terminan en -ιος, -ια, -ιον;

P.e., βιβλίον (vea más adelante).

2. Principales sufijos que forman adjetivos significando:

Cualidad:

-ης, -ες   3ra declinación

Atributo o localidad:

-ιος, (-ια), -ιον   1ra y 2da declinación
                                    o 2da declinación solamente

Características:

-ικός, -ική, -ικόν   1ra y 2da declinación

Material:

-ινος, -ίνη, -ινον   1ra y 2da declinación

Capacidad o habilidad:

-ιμος, -ιμον   2da declinación

Posibilidad o realidad:

-τος, -τή, -τόν   1ra y 2da declinación

Obligación o intención:

-τέος, -τέα, -τέον   1ra y 2da declinación

Ejemplos de lo que se ha mencionado, respectivamente:

ἀληθής, -ές, la cualidad de ser verdadero

τίμιος, -α -ον, tener el atributo de honra, honorable

οὐράνιος, -α, -ον, perteneciente al cielo, celestial

βασιλικός, -η, -ον, tener las características de un rey, real

λίθινος, –η, -ον hecho de piedra

χρήσιμος, -ον, capaz de usarse, útil

ἀπείραστος, -η, -ον, imposible de ser tentado, no tentable

βλητέος, -α, -ον, debe ser arrojado o ha de ser arrojado

3. Principales sufijos que forman verbos significando (con algunas excepciones)

   a. *Hacer* o *ser estar* lo que implique la raíz:
   (P.e., ἀγαπάω, yo amo, ἐλπίζω, yo espero)
   -άω, –έω, –εύω, –άζω, –ίζω

   b. *Causar* lo que implica la raíz:
   (P.e., θυμόω, yo causo estar enojado; ξηραίνω, me seco) -όω,
   -αίνω, -ύνω

Prefijos

4. Preposiciones. Vea los significados que se darán para las preposiciones en la sección III de Sintaxis.

5. Algunas otras partículas: P.e., εὐ-, "bien", ἀ- "sin", δυσ- "enfermo" o "carente de".

Sustantivos o verbos usados para formar compuestos.

P.e., καρδιογνώστης, uno que conoce el corazón. θεόπνευστος, "respirado por Dios", inspirado por Dios.

Ejemplos de algunos compuestos y familias de palabras

κρίνω, yo juzgo

κρίσις, el proceso de juzgar, juicio

κρίμα, el resultado de juzgar, sentencia

κριτής, uno que juzga, un juez

ἀνακρίνω, yo examino

ἀποκρίνομαι, yo contesto

διακρίνω, yo distingo

κατακρίνω, yo condeno

ὑποκρίτης, un actor, un hipócrita

ἀδιάκριτος, no sujeto a distinción o atención, imparcial

SINTAXIS

El Artículo

Las reglas generales

1. Por lo general, los sustantivos que *tienen* artículo son *definidos* o *genéricos*.

   a. Definido.
   Jn. 1:1, ἐν ἀρχῇ ἦν ὁ λόγος,
   "En el principio era el Verbo".

   b. Genérico.
   Jn. 2:25, ἵνα τις μαρτυρήσῃ περὶ τοῦ ἀνθρώπου. αὐτὸς γὰρ ἐγίνωσκεν τί ἦν ἐν τῷ ἀνθρώπῳ.
   "... que nadie testifique respecto al hombre (personas en general);
   ... lo que había en el hombre (personas en general)."

   Jn. 1:5, τὸ φῶς; Jn. 10:10, ὁ κλέπτης.

2. Los sustantivos que *no tienen* artículo son *indefinidos o cualitativos*.

   a. Indefinido.
   Jn. 1:6, ἐγένετο ἄνθρωπος,
   "Hubo un hombre..."

b. Cualitativo.
Jn. 1:4, ἐν αὐτῷ ζωὴ ἦν,
"En él hebía vida."

Jn. 1:12, τέκνα; Jn. 1:14, σάρξ.

Corolarios de las reglas generales

1. El artículo puede cambiar un adjetivo predicativo en un adjetivo atributivo; por ejemplo, desde ὁ λόγος καλός, "la palabra es buena," hasta ὁ λόγος ὁ καλός, "la palabra buena."

2. El artículo puede cambiar un sustantivo indefinido en definido; por ejemplo, desde ἄνθρωπος, "un hombre," en ὁ ἄνθρωπος, "el hombre."

3. Un artículo que precede e introduce varias palabras, frases y cláusulas implica una palabra no escrita que concuerda con el artículo en género, número y caso. Así el artículo hace un sustantivo de la palabra, frase o cláusula.

   a. Con un *adverbio*.
   ἐπαύριον, "próximo, siguiente;"
   ἡ ἐπαύριον (ἡμέρα sobreentendido), "el día próximo."
   πλησίον, proximo, adyacente;
   ὁ πλησίον (ἄνθρωπος sobreentendido), la persona adyacente, el vecino.

   b. Con una palabra o una frase en el *genitivo*:
   τοῦ Ἰωάννου, "de Juan;"
   οἱ τοῦ Ἰωάννου, "los (siervos, hijos, discípulos, etc.) de Juan."

   c. Con una cláusula, citas, etc:
   εἰ δύνῃ, "Si puedes;"
   τὸ εἰ δύνῃ, "cuanto a lo "Si puedes" que dijo ud."

4. Los verbos copulativos εἰμί ("ser," "estar") y γίνομαι ("llegar a ser"), toman el nominativo en el predicado, además del sujeto. Si un sustantivo tiene el artículo y otro no lo tiene, generalmente el que tiene el artículo será el sujeto y el que no lo tiene será el predicado.

Jn. 18:40, ἦν δὲ ὁ Βαραββᾶς λῃστής,
   "Y Barabbás era ladrón."

Jn. 8:42, εἰ ὁ θεὸς πατὴρ ὑμῶν ἦν,
   "Si Dios fuera vuestro padre..."

Sin embargo, si el predicado es definido, él tendrá el artículo también:

Jn. 1:4, ἡ ζωὴ ἦν τὸ φῶς,
   "la vida era la luz..."

Jn. 6:33, ὁ γὰρ ἄρτος...ἐστιν ὁ καταβαίνων.

Si el sujeto es indefinido o cualitativo, no tendrá el artículo:

Jn. 1:4, ἐν αὐτῷ ζωὴ ἦν,
   "En él estaba vida" (como una cualidad; no "la vida").

Jn. 4:46, καὶ ἦν τις βασιλικός.

5. Se usa el artículo con sustantivos monódicos
   (cosas de las cuales existen solamente una).

Jn. 3:31, ἐκ τῆς γῆς,
   "de la tierra" (la única tierra que hay).

Jn. 3:31, ἐκ τοῦ οὐρανοῦ.

6. Se usa el artículo para indicar que el sustantivo está separado del resto de su clase y tiene una distinción especial.

Jn. 3:14, ἐν τῇ ἐρήμῳ,
"en el desierto (bien conocido en ese lugar)."

Jn. 5:39, τὰς γραφάς,
"las escrituras (de importancia especial, es decir, la Biblia)."

Mt. 12:41, τῇ κρίσει.

7. Se usa el artículo, en su significado genérico, para indicar que el sustantivo es típico de su clase - especialmente en proverbios, etc. (casi el opuesto del 6).

Lc. 10:7, ἄξιος γὰρ ὁ ἐργάτης τοῦ μισθοῦ αὐτοῦ,
"porque el obrero es digno de su salario (cualquier obrero)."

Jn. 10:10, ὁ κλέπτης.

8. Se usa el artículo cuando un sustantivo es usado por segunda vez o más, aun si no tenía el artículo la primera vez.

Jn. 4:43, μετὰ δὲ τὰς δύο ἡμέρας,
"Dos días después (esos días a que se refiere en 4:40)."

Jn. 2:9, τὸ ὕδωρ.

9. Se usa el artículo con un sustantivo abstracto si se lo objetiva, se lo personifica, o se lo hace definido en cualquier manera.

Jn. 1:17, ἡ χάρις καὶ ἡ ἀλήθεια...ἐγένετο,
   "la gracia y la verdad vinieron..."

Hech. 28:4, ἡ δίκη.

10. Cuando la posesión es obvia (como una parte del cuerpo, etc), a veces no se usa el pronombre posesivo; pero el uso del artículo hace implícita la posesión.

Jn. 7:30, οὐδεὶς ἐπέβαλεν ἐπ᾽ αὐτὸν τὴν χεῖρα,
   "pero ninguno le echó mano."

Jn. 3:17, τὸν υἱόν.

11. Cuando se usa el pronombre demostrativo (οὗτος, ἐκεῖνος, este, ese, aquel) con un sustantivo, hay que usar el artículo con el sustantivo, y hay que poner el demostrativo en la posición predicada.

Jn. 7:36, τίς ἐστιν ὁ λόγος οὗτος;
   "¿Qué es esta palabra?"

Cuando no hay artículo, el demostrativo debe considerarse sólo.

Jn. 6:42, οὐχ οὗτός ἐστιν Ἰησοῦς ὁ υἱὸς Ἰωσήφ;
   "¿No es éste Jesús, el hijo de José?" ("Este" es el sujeto, "Jesús," es el predicado).

Cuando se usa el caso nominativo en el sentido del vocativo, hay que usar el artículo con el sustantivo.

Jn. 19:3, χαῖρε ὁ βασιλεὺς τῶν Ἰουδαίων,
"!Salve, Rey de los Judíos!"

Jn. 20:28, ὁ κύριος...ὁ θεός.

12. La regla de Granville Sharp: Cuando hay una serie de sustantivos y existe un artículo antes del primero solamente, los sustantivos han de pensarse como un grupo o una unidad:

Ef. 3:18, τὸ πλάτος καὶ μῆκος καὶ ὕψος καὶ βάθος,
"la anchura, y longitud, y altura, y profundidad (es decir, las dimensiones como una entidad)..."

Si cada sustantivo tiene el artículo, han de pensarse como separados:

Lc. 12:11, ἐπὶ τὰς συναγωγὰς καὶ τὰς ἀρχὰς καὶ τὰς ἐξουσίας,
"ante las sinagogas, ante los magistrados, ante las autoridades..."

Jn. 7:45, τοὺς ἀρχιερεῖς καὶ Φαρισαίους.

Heb. 11:20, τὸν Ἰακώβ καὶ τὸν Ἡσαῦ.

Excepciones a las reglas generales

1. Hay unas frases de modismos y frases fijas en las cuales el sustantivo claramente es definido, por el contexto o por una palabra o frase que lo modifica o limita, aunque no tiene el artículo. En estas frases, por lo general la palabra o frase que modifica al sustantivo tampoco tiene el artículo.

   Jn. 12:13, ἐν ὀνόματι κυρίου,
   "en (el) nombre de (el) Señor."

   Hech. 11:21, χεὶρ κυρίου.

2. Hay unas frases preposicionales de modismos—de tiempo, de lugar, etc.—en las cuales los objetos no tienen el artículo pero son definidos (como "en primer lugar" en español).

   Jn. 1:1, 2, ἐν ἀρχῇ,
   "En *el* principio..."

   Lc. 15:25, ἐν ἀγρῷ.

3. Los sustantivos en el caso vocativo no tienen el artículo, aunque son definidos.

   Jn. 4:15, κύριε, δός μοι τοῦτο τὸ ὕδωρ,
   "Señor, dame esa agua."

   Jn. 2:4 γύναι.

4. La regla de Colwell: Si el sustantivo predicado nominal precede al verbo copulativo en el orden de las palabras, por lo general no tiene el artículo y hay que decidir por el contexto si es definido, indefinido, genérico o cualitativo.

Jn. 9:5, φῶς εἰμί τοῦ κόσμου,
  "soy la luz del mundo" (como Jn. 8:12).

5. Los nombres propios de personas y lugares son definidos en sí mismos, tengan o no el artículo,

Jn. 1:43-44, τὴν Γαλιλαίαν ... Φίλιππον ... ὁ Ἰησοῦς ... Βηθσαιδά ...
  "Galilea ... Felipe ... Jesús ... Felipe ... Betsaida ..."

Títulos divinos y nombres divinos de las personas de la Trinidad son definidos en sí mismos tengan o no el artículo (fíjese en los dos usos de "Dios" en Jn. 3:2). A la vez el artículo con el título o nombre divino puede indicar énfasis en la *persona*—es decir, *quien es*; y la ausencia del artículo puede indicar énfasis en la naturaleza o actividad—es decir, en *lo que es*.

Jn. 1:1, ὁ λόγος ἦν πρὸς τὸν θεόν, καὶ θεὸς ἦν ὁ λόγος.

El Verbo estaba con Dios (el Padre considerado como una persona), y el Verbo era Dios (no idéntico con Dios el Padre, sino de la naturaleza o cualidad de Dios). II Cor. 4:4, ὁ θεὸς τοῦ αἰῶνος τούτου, el dios de este siglo (un "dios" definido, pero no Dios).

6. Sin embargo, cuando un sustantivo predicado precede al verbo copulativo normalmente no lleva artículo sin hacer caso de que sea definido o indefinido.

Jn. 9:5, φῶς εἰμί τοῦ κόσμου, (cf. 8:12)
"Yo soy la luz del mundo."

Jn. 10:36, υἱὸς τοῦ θεοῦ εἰμί.

Mar. 15:39, υἱὸς θεοῦ ἦν (cf. Mt. 14:33).

El artículo con μεν o δε, es realmente un pronombre personal, algo enfático; en la narración, ὁ δέ llama la atención a un cambio de persona a la que se venía refiriendo.

Jn. 7:12, οἱ μὲν ἔλεγον,
"*Unos* decían,"

Jn. 4:31-32, ἠρώτων αὐτὸν οἱ μαθηταὶ ... ὁ δὲ εἶπεν,
"Los discípulos le rogaban, ... pero *él* les dijo."

Hech. 14:4, οἱ μὲν ... οἱ δὲ.

Jn. 5:17, ὁ δὲ ἀπεκρίνατο.

El Uso De Los Casos
(Exclusivos de objetos de las preposiciones)

Nominativo y vocativo

1. Nominativo: *sujeto* del verbo.
   Jn. 1:4, ἡ ζωὴ ἦν τὸ φῶς τῶν ἀνθρώπων,
   "*La vida* era la luz de los hombres."

   Jn. 1:2, οὗτος.

2. Nominativo: predicado del verbo copulativo.
   Jn. 1:4, ἡ ζωὴ ἦν τὸ φῶς τῶν ἀνθρώπων,
   "La vida era *la luz* de los hombres."

   Jn. 1:8, τὸ φῶς.

3. Nominativo: a veces, es usado *en lugar del vocativo*. (Usado así, requiere el artículo—vea I.B. arriba).
   Jn. 19:3, χαῖρε ὁ βασιλεὺς τῶν Ἰουδαίων,
   "!Salve, Rey de los Judíos!"

   Jn. 20:28, ὁ κυριός μου καὶ ὁ θεός μου.

4. Vocativo: usado en llamada directa, con o sin la interjección ὦ.

Jn. 19:26, γύναι, ἴδε,
"Mujer, he aquí ..."

Hech. 1:1, τὸν μὲν πρῶτον λόγον ἐποιησάμην ... ὦ Θεόφιλε,
"en el primer tratado, oh Teófilo."

Jn. 4:15, κύριε.

Genitivo

1. Posesión.
Jn. 1:12, τέκνα θεοῦ,
"Hijos que pertenecen a Dios."

Jn. 1:29, τοῦ κόσμου.

2. Relación personal (hijo, primo, esclavo, enemigo, amigo, etc.)
Jn. 3:29 ὁ φιλος τοῦ νυμφίου,
"el amigo del novio."

3. Origen o autor.
Rom. 4:13, διὰ δικαιοσύνης πίστεως,
"Por la justicia *de la fe*" (justicia que se origina en la fe).

Rom. 15; 4, τῶν γραφῶν.

4. **Subjetivo.** Usado con un sustantivo de acción, este genitivo expresa la persona o la cosa que *hace* esa acción.

   Jn. 2:6, λίθιναι ὑδρίαι ἕξ κατὰ τὸν καθαρισμὸν τῶν Ἰουδαίων, "seis tinajas de piedra, según las ordenanzas de purificación las cuales *hacen* los judios."

   Hech. 1:22, Ἰωάννου.

5. **Objetivo.** Usado con un sustantivo de acción, este genitivo expresa la persona o la cosa que *recibe* esa acción.

   Jn. 3:1, ἄρχων τῶν Ἰουδαίων, "uno que gobernaba a los judíos."

   Jn. 3:10, ὁ διδάσκαλος τοῦ Ἰσραήλ.

6. **Material.**

   Marc. 2:21, ἐπίβλημα ῥάκους ἀγνάφου, "remiendo que consiste de paño nuevo."

   Marc. 14:3, νάρδου.

7. **Contenidos.**

   Jn. 2:27, γεμίσατε τὰς ὑδρίας ὕδατος, "llenad las tinajas (de contenidos que consisten) de agua."

   Jn. 4:14, πηγὴ ὕδατος.

   Mc. 14:3 μύρου

8. Partitivo. Usado con otro sustantivo, este genitivo expresa la totalidad de lo cual el otro sustantivo expresa una parte.

   Jn. 2:11, ἀρχὴν τῶν σημείων,
   "principio (la parte) de sus señales (la totalidad)."

   Jn. 2:11, ἐν Κανὰ τῆς Γαλιλαίας,
   "en Caná (que es una parte) de Galilea."

   Jn. 4:39, πολλοὶ ... τῶν Σαμαριτῶν.

9. Aposición. (Cp. "la ciudad de Bogotá").

   Ef. 6:14, τὸν θώρακα τῆς δικαιοσύνης,
   "la coraza que es la justicia."

   Ef. 6:16, τὸν θυρεὸν τῆς πίστεως.

   Ef. 6:17, τὸν περικ τῆς σωτηρίου.

   (Pero más frecuentemente se expresa la aposición por usar el mismo caso como el otro sustantivo. Jn. 1:23, Ἡσαΐας ὁ προφήτης, "Isaías el profeta").

10. Comparación. El segundo miembro de la comparación estará en el genitivo.

Jn. 4:12, μὴ σὺ μείζων εἶ τοῦ πατρὸς ἡμῶν Ἰακωβ;
"Eres *tú* mayor *que* nuestro *padre...?*"

Jn. 13:16, ... δοῦλος μείζων τοῦ κυρίου ... ἀπόστολος μείζων τοῦ πέμψαντος αὐτον.

Jn. 21:15, ἀγαπᾷς με πλέον τούτων;
(La alternativa es usar la palabra como conjunción de comparación, y poner el segundo miembro de la comparación en el mismo caso como el primer miembro. Jn. 3:19, ἠγάπησαν οἱ ἄνθρωποι μᾶλλον τὸ σκότος ἤ τὸ φῶς, "amaron más *las tinieblas que la luz*").

11. Precio, equivalente o castigo.

Jn. 12:5, διὰ τί τοῦτο τὸ μύρον οὐκ ἐπράθη τριακοσίων δηναρίων;
"¿Por qué no fue este perfume vendido por trescientos denarios?"

Mat. 10:29, ἀσσαρίου.

12. Tiempo o lugar dentro de.

Jn. 3:2, οὗτος ἦλθεν πρὸς αὐτὸν νυκτός,
"Este vino a él de noche (dentro de los límites de la noche)."

Lc. 18:7, ἡμέρας καὶ νυκτός.

13. Cualidad. Incluye sustantivos abstractos usados en el sentido de un adjetivo.

Gal. 6:1, ἐν πνεύματι πραΰτητος,
   "con espíritu de mansedumbre" ("con espíritu manso").

Rom. 1:26, εἰς πάθη ἀτιμίας.

1 Ped. 1:14, τέκνα ὑπακοῆς.

14. Predicado de varios verbos, y con adjetivos relacionados a tales verbos:

   a. Verbos de los sentidos, la memoria, etc.
   Jn. 15:20, μνημονεύετε τοῦ λόγου,
      "Acuérdense de la palabra."

   Jn. 20:17, μή μου ἅπτου.
   El verbo ἀκούω muchas veces toma el acusativo si es la *cosa* que se oye, o el genitivo si es la *persona* que se oye.

   Jn. 3:8, τὴν φωνὴν αὐτοῦ ἀκούεις,
      "oyes su sonido" (acusativo).

   Jn. 1:37, ἤκουσαν οἱ δύο μαθηταὶ αὐτοῦ λαλοῦντος
      "los dos discípulos lo oyeron (a él) decir esto" (genitivo).

   b. Verbos de participar, de alcanzar, etc.
   Jn. 8:52, οὐ μὴ γεύσηται θανάτου,
      "jamás gustará la muerte."

   Lc. 20:35, τοῦ αἰῶνος ἐκείνου τυχεῖν.

c. Verbos de llenar, de carecer, etc.

Rom. 3:23, πάντες ... ὑστεροῦνται τῆς δόξης τοῦ θεοῦ, "Todas carecen de la gloria de Dios."

Jn. 1:14, πλήρης χάριτος καὶ ἀληθείας.

d. Verbos de acusar, etc.

Jn. 5:45, μὴ δοκεῖτε ὅτι ἐγὼ κατηγορήσω ὑμῶν, "no piensen que yo les voy a acusar."

Hech. 19:40, ἐγκαλεῖσθαι στάσεως.

e. Verbos de separación.

Ef. 2:12, ἀπηλλοτριωμένοι τῆς πολιτείας, "alejados *de la ciudadania* (de Israel)."

Hech. 27:43, ἐκώλυσεν αὐτοὺς τοῦ βουλήματος.

15. Relación general. Este genitivo, usado con varios sustantivos y adjetivos, no puede definirse excepto en términos generales o en términos para cada contexto.

Jn. 5:29, ἀνάστασιν ζωῆς ... ἀνάστασιν κρίσεως, "a resurrección que resulta en vida ... a resurrección que resulta en juicio."

Jn. 7:35, τὴν διασπορὰν τῶν Ἑλλήνων.

16. Genitivo Absoluto. Cuando un participio con el sustantivo o pronombre que el participio modifica son más o menosindependiente del resto de la cláusula, se pone en el genitivo.

Jn. 2:3, καὶ ὑστερήσαντος οἴνου,
  "llegando a faltar el vino."

Jn. 5:13, ὄχλου ὄντος.

Dativo

1. Complemento indirecto del verbo.
   Jn. 1:25, εἶπαν αὐτῷ,
   "le dijeron a él."

   Jn. 1:26, ἀπεκρίθη αὐτοις.
   (En algunos casos el complemento indirecto se expresa usando πρός y el caso acusativo. Jn. 2:3, λέγει ἡ μήτηρ τοῦ Ἰησοῦ πρὸς αὐτόν, "la madre de Jesús le dijo.")

2. Posesión en el predicado de un verbo copulativo.
   Jn. 13:35, ἐμοὶ μαθηταὶ ἐστε,
   "son mis discípulos."

   Mat. 18:12, ἐὰν γένηταί τινι ἀνθρώπῳ.

3. Predicado de varios verbos, y con adjetivos relacionados, que expresan asociación, similaridad, aptitud, etc.
   Jn. 5:10, οὐκ ἔξεστίν σοι,
   "no es lícito para Ud."

   Jn. 9:9, ὅμοιος αὐτῷ ἐστιν.

4. Instrumento o medios.
   Jn. 11:2, ἦν δὲ Μαριὰμ ἡ ἀλείψασα τὸν κύριον μύρῳ καὶ ἐκμάξασα τοὺς πόδας αὐτοῦ ταῖς θριξὶν αὐτῆς,
   "María fue la que ungió al Señor *con perfume*, y le enjugó los pies *con sus cabellos*."

   (A veces, es usado para expresar agente personal en lugar de ὑπό con el genitivo. Lc. 23:15, οὐδὲν ἄξιον θανάτου ἐστὶν πεπραγμένον αὐτῷ, "nada digno de muerte ha sido hecho *por él*.")

5. Causa o motivo.
   Rom. 4:20, οὐ διεκρίθη τῇ ἀπιστίᾳ,
   "no vaciló por causa de incredulidad."

   Gal. 6:12, τῷ σταυρῷ.

6. Tiempo cuando.
   Jn. 2:1, τῇ ἡμέρᾳ τῇ τρίτῃ,
   "al tercer día."

   Jn. 6:54, τῇ ἐσχάτῃ ἡμέρᾳ.

7. Respecto. La esfera de acción, o la cosa con respecto a la cual algo se hace.
   Jn. 3:26, ᾧ σὺ μεμαρτύρηκας,
   "él con respecto a quien tu diste testimonio."

   (cf. Mt. 5:3.)

8. Medida o cuantía.

Jn. 4:41, πολλῷ πλείους ἐπίστευσαν,

"creyeron más personas *por mucho*" (muchos más).

9. Manera o modo.

Fil. 1:18, παντὶ τρόπῳ, εἴτε προφάσει εἴτε ἀληθείᾳ, Χριστός καταγγέλλεται,

"*de todas maneras*, o *por pretexto* o *por verdad*, Cristo es anunciado."

Hech. 15:1, τῷ ἔθει.

10. Enfasis. El sentido del verbo se repite en un sustantivo en el caso dativo.

Jn. 3:29, χαρᾷ χαίρει,

"se goza de gozo" (se goza grandemente).

Lc. 22:15, ἐπιθυμίᾳ ἐπεθύμησα.

Acusativo

1. Complemento directo del verbo.

Jn. 3:16, ἠγάπησεν ὁ θεὸς τὸν κόσμον,

"Dios amó al mundo."

Jn. 3:17, τὸν υἱόν.

2. Sujeto del infinitivo.

Jn. 3:14, ὑψωθῆναι δεῖ τὸν υἱὸν τοῦ ἀνθρώπου,
  "es necesario que *el Hijo* del Hombre sea levantado."

Jn. 2:24, διὰ τὸ αὐτὸν γινώσκειν πάντας,
  "porque él conocía a todos."

Jn. 21:22, ἐὰν αὐτὸν θέλω μένειν.

3. Extensión de tiempo o de espacio.

Jn. 1:39, ἔμειναν τὴν ἡμέραν ἐκείνην,
  "se quedaron (durante el resto de) aquel día."

Jn. 6:19, ἐληλακότες οὖν ὡς σταδίους εἴκοσι πέντε ἢ τριάκοντα,
  "cuando habían remado como veinticinco o treinta estadios."

Jn. 2:12, οὐ πολλὰς ἡμέρας.

4. Acusativo connotativo. Extiende o enfatiza el sentido del verbo, con una palabra relacionada en el sentido, en el caso acusativo.

Jn. 7:24, τὴν δικαίαν κρίσιν κρίνατε,
  "juzgad con recto juicio."

Mat. 2:10, χαρὰν μεγάλην.

Las Preposiciones

Usos y significados principales

5. ἀμφί (No se usa como preposición separada en el Nuevo Testamento)
En compuesto: *alrededor*.
Mt. 4:18, βάλλοντας ἀμφιβλήστρον, echando una *red*—
literalmente, un instrumento (-τρον) para echar (-βλη-, de βάλλω)
alrededor (ἀμφι-).

Mc. 11:4, ἀμφόδου.

6. ἀνά (su significado general es *arriba*, opuesto de κατά)
Con el acusativo:

a. *A lo largo de.*
Mc. 7:31, ἀνὰ μέσον τῶν ὁριῶν Δεκαπόλεως,
"pasando por entre las comarcas de Decápolis."

Mt. 13:25, ἀνὰ μέσον τοῦ σίτου.

b. *Cada uno* (distributivo).
Jn. 2:6, χωροῦσαι ἀνὰ μετρητὰς δύο ἢ τρεῖς,
"cabiendo en cada una de las cuales dos o tres cántaros."

Mt. 20:9, ἔλαβον ἀνὰ δηνάριον.

En compuestos:

a. *Arriba.*
Jn. 1:51, ἀναβαίνοντας,
"subiendo (ascendiendo)."

Jn. 5:29, ἀνάστασιν.

b. *Otra vez, de nuevo.*
Lc. 15:24, ἀνέζησεν,
"él ha vuelto a vivir."

Col. 3:10, τὸν ἀνακαινούμενον.

c. *Uso intensivo.*
Lc. 23:18, ἀνέκραγον,
"ellos gritaron (con intensidad)."

Lc. 12:49, ἀνήφθη.

7. ἀντί (su significado general es *en lugar de*)
Con el genitivo:

a. *En lugar de, en vez de.*
Mt. 2:22, ἀντὶ τοῦ πατρὸς αὐτοῦ,
"en lugar de su padre."

Lc. 11:11, ἀντὶ ἰχθύος.

b. *En cambio de.*

Mt. 5:38, ὀφθαλμὸν ἀντὶ ὀφθαλμοῦ,
"ojo en cambio de ojo."

Heb. 12:16, ἀντὶ βρώσεως μιᾶς.

c. *A causa de, por.*

Ef. 5:31, ἀντὶ τούτου,
"por causa de esto."

Heb. 12:2, ἀντὶ τῆς προκειμένης αυτῷ χαρᾶς.
(Significado alternativo aquí, en vez de).

d. *A favor de, por.*

Mt. 17:27, δὸς αὐτοῖς ἀντὶ ἐμοῦ καὶ σοῦ,
"dáselo a favor de mi y tí."

Mt. 20:28, ἀντὶ πολλῶν.

En Compuestos:

a. *Opuesto a, contra.*

Jn. 19:12, πᾶς ὁ βασιλέα ἑαυτὸν ποιῶν ἀντιλέγει τῷ Καίσαρι,
"Todo aquel que se hace rey, habla contra César."

1 Jn. 2:18, ἀντίχριστος.

b. *De vuelta.*
Lc. 6:38, ᾧ γὰρ μέτρῳ μετρεῖτε ἀντιμετρηθήσεται ὑμῖν,
"Porque con la misma medida que medís, se os volverá a medir (será medida de vuelta a vosotros)."

Ro. 1:27, ἀντιμισθίαν.

8. ἀπό (su significado general *fuera del exterior*, opuesto de πρός)
Con el genitivo:

a. *Fuera de* (separación).
Jn. 10:18, οὐδεὶς αἴρει αὐτὴν ἀπ᾽ ἐμοῦ,
--- "nadie me la quita."

Jn. 10:5, ἀπ᾽ αὐτοῦ.

b. *Desde* (origen, derivación).
Jn. 3:2, οἴδαμεν ὅτι ἀπὸ θεοῦ ἐλήλυθας,
"sabemos que has venido de Dios (como su origen)."

Jn. 1:45, ἀπὸ Ναζαρέθ.

En compuestos:

a. *Fuera de* (separación).
Jn. 12:42, ἵνα μὴ ἀποσυνάγωγοι γένωνται,
"para que no fuesen echados (fuera) de la sinagoga (separados de la sinagoga)."

Lc. 23:14, ἀποστρέφοντα.

b. *Completamente* (intensivo).
Lc. 6:10, ἀπεκατεστάθη ἡ χεὶρ αὐτοῦ,
"su mano le fue (completamente) restaurada."

Mc. 13:22, ἀποπλανᾶν.

9. διά
Con el genitivo: *a través de, por*

a. *Por, a través de* (lugar).
Jn. 4:4, διὰ τῆς Σαμαρείας,
"a través de Samaria."

Jn. 10:1, διὰ τῆς θύρας.

b. *Por, en, a través de* (tiempo).
Mc. 14:58, διὰ τριῶν ἡμέρων,
"en (a través de) tres días."

Lc. 5:5, διὰ ὅλης νυκτός.

c. *Por, por medio de* (agencia).
Jn. 1:3, δι' αὐτοῦ,
"por medio de él."

Jn. 1:17, διὰ Μωϋσέως.

Con el acusativo:
A causa de, por.
Jn. 1:31, διὰ τοῦτο,
"a causa de esto."

Jn. 3:29, διὰ τὴν φωνήν.

En compuestos:

a. *A través de.*
Jn. 4:4, διέρχεσθαι,
"pasan por (a través de)."

Lc. 16:26, διαβῆναι.

b. *Enteramente, a fondo* (intensivo).
Hech. 8:1, πάντες δὲ διεσπάρησαν,
"todos fueron dispersados (completamente)."

Lc. 2:51, διετήρει.

10. εἰς (su significado general *hacia el interior*, opuesto de ἐκ)

Con el acusativo:

a. A dentro de un *lugar, estado o tiempo.*
Jn. 1:9, ἐρχόμενον εἰς τὸν κόσμον,
"viniendo hacia a dentro del mundo."

Jn. 1:43, εἰς τὴν Γαλιλαίαν.

Jn. 6:51, εἰς τὸν αἰωνα.

b. *Respecto de, contra.*

Jn. 8:26, ταῦτα λαλῶ εἰς τὸν κόσμον,
"estas cosas hablo con respecto al mundo."

Jn. 15:21, εἰς ὑμᾶς.

c. *Propósito.*

Jn. 9:39, εἰς κρίμα,
"para (por el propósito de) juicio."

Jn. 1:7, εἰς μαρτυρίαν.

d. *Resultado* (distinto de propósito).

Heb. 11:3, πίστει νοοῦμεν κατηρτίσθαι τοὺς αἰῶνας ῥήματι θεοῦ, εἰς τὸ μὴ ἐκ φαινομένων τὸ βλεπόμενον γεγονέναι,
"por fe entendemos que los siglos (el universo) han sido constituidos por la palabra de Dios, de manera que (*con el resultado que*) lo que se ve no fue hecho de cosas que aparecen."

Rom. 1:20, εἰς τὸ εἶναι αὐτοὺς ἀναπολογήτους.

e. *Equivalencia* (expresión nominal o sustantival).

Jn. 16:20, ἡ λύπη ὑμῶν εἰς χαρὰν γενήσεται.
"Vuestro dolor se convertirá en gozo (llegará a ser equivalente a gozo)."

Heb 1:5, εἰς πατέρα ... εἰς υἰὸν.

f. *En* (generalmente con verbos de estado, significando estar *dentro*, como resultado de haber entrado previamente. Vea ἐν, *h.* abajo).

Jn. 1:18, ὁ ὢν εἰς τὸν κόλπον τοῦ πατρός,

"que está en el seno del Padre (que ha entrado en él)."

Mc. 10:10, εἰς τὴν οἰκίαν ... ἐπηρώτων αὐτόν.

Nota: La idea del uso regular de εἰς con el acusativo con πιστεύω es que uno ponga la fe en *alguien* o algo. Por lo tanto es del sentido que se expresa en *a.* arriba y no como en *f.*, aunque generalmente se traduce como "creer en" o "creer a."

Jn. 2:11, ἐπίστευσαν εἰς αὐτὸν οἱ μαθηταὶ αὐτοῦ.

En compuestos:
Movimiento hacia adentro de.

Jn. 10:9, δι᾽ ἐμοῦ ἐάν τις εἰσέλθῃ,

"por mí si alguno entrare."

Jn. 18:16, εἰσήγαγεν.

11. ἐκ (su significado general *del interior al exterior*, opuesto de εἰς)

Con el genitivo:

a. *Fuera de* (lugar).

Jn. 2:15, πάντας ἐξέβαλεν ἐκ τοῦ ἱεροῦ,

"los echó (fuera) a todos del templo."

Jn. 7:38, ἐκ τῆς κοιλίας αὐτοῦ.

b. *Desde* (origen).

Jn. 3:27, ἐὰν μὴ ᾖ δεδομένον αὐτῷ ἐκ τοῦ οὐρανοῦ,
"si no le fuere dado del cielo."

Jn. 1:13, οὐκ ἐξ αἱμάτων οὐδὲ ἐκ θελήματος σαρκὸς οὐδὲ ...

c. *Por, desde* (tiempo).

Jn. 9:32, ἐκ τοῦ αἰῶνος οὐκ ἠκούσθη,
"desde el siglo (desde la eternidad) no fue oído."

Jn. 9:24, ἐκ δευτέρου.

d. *De* (a causa de).

Jn. 4:6, κεκοπιακὼς ἐκ τῆς ὁδοιπορίας,
"cansado a causa del camino."

e. *De* (material).

Jn. 2:15, ποιήσας φραγέλλιον ἐκ σχοινίων,
"habiendo hecho un azote de cuerdas."

Jn. 19:2, ἐξ ἀκανθῶν.

f. *De* (partitivo).

Jn. 1:35, ὁ Ἰωάννης καὶ ἐκ τῶν μαθητῶν αὐτοῦ δύο,
"Juan y dos (que eran una parte) de sus discípulos."

Jn. 6:60, πολλοὶ ... ἐκ τῶν μαθητῶν αὐτοῦ.

En compuestos:

a. *Fuera, afuera.*
Jn. 2:15, πάντες ἐξέβαλεν,
"echó (en fuera) a todos."

Jn. 5:29, ἐκπορεύσονται.

b. *Completamente* (perfectivo).
Lc. 21:36, δεόμενοι ἵνα κατισχύσητε ἐκφυγεῖν,
"orando, a fin de que logréis escapar (completamente)."

Lc. 14:30, ἐκτελέσαι.

12. ἐν (su significado general *en*)

Con el dativo:

a. *En* (lugar o estado).
Jn. 1:4, ἐν αὐτῷ,
"en (dentro de) él."

Jn. 1:10, ἐν τῷ κόσμῳ.

b. *Entre.*
Jn. 1:14, ἐσκήνωσεν ἐν ἡμῖν,
"habitó entre nosotros."

Jn. 9:16, ἐν αὐτοῖς.

c. *Cuando* (en un punto de tiempo específico).
Lc. 2:27, ἐν τῷ εἰσαγαγεῖν τοὺς γονεῖς τὸ παιδίον,
"cuando los padres trajeron adentro al niño (al traerlo adentro)."

Jn. 2:23, ἐν τῇ ἑορτῇ.

d. *Con, por* (instrumento).
Jn. 1:33, οὗτός ἐστιν ὁ βαπτίζων ἐν πνεύματι ἁγίῳ,
"este es el que bautiza con el Espíritu Santo."

Lc. 11:20, ἐν δακτύλῳ θεοῦ.

e. *Por el poder de.*
Jn. 3:21, ὅτι ἐν θεῷ εἰργασμένα,
"por cuanto han sido hechas en (por el poder de) Dios."

Jn. 5:43, ἐν τῷ ὀνόματι.

f. *Investido con.*
1 Ti. 1:18, ἵνα στρατεύῃ ἐν αὐταῖς,
"para que milites en (investido con) ellas."
(Alternativa aquí, para que milites en conformidad con ellas).

Heb. 9:25, ἐν αἵματι ἀλλοτρίῳ.

g. *En* (en frases adverbiales).
Jn. 7:4, ἐν κρυπτῷ … ἐν παρρησίᾳ,
"en secreto (secretamente) … en público (públicamente)."

Jn 7:10, ἐν κρυπτῷ.

h. *En* (con verbos de *acción*, significando un movimiento *hacia el interior* cuyo resultado es estar ahora *dentro*).
Luc. 23:19, ὅστις ἦν ... βληθεὶς ἐν τῇ φυλακῇ,
"el cual .. había sido echado (fue echado) en la cárcel (y ahora estaba en la cárcel)."

Jn. 3:35, δέδωκεν ἐν τῇ χειρὶ αὐτοῦ.

En compuestos:

En, adentro, a.
Rom. 4:20, ἐνεδυναμώθη τῇ πίστει,
"fortalecióse (fue fortalecido) en la fe."

Jn. 6:17, ἐμβάντες εἰς πλοῖον.

13. ἐπί (su significado general *sobre*)

Con el genitivo:

a. *En, sobre.*
Jn. 6:2, ἐπί τῶν ἀσθενούντων,
"en los enfermos."

Jn. 6:19, ἐπὶ τῆς θαλάσσης.

b. *En tiempo de.*
Lc. 4:27, ἐπὶ Ἐλισαίου τοῦ προφήτου,
"en tiempo del profeta Eliseo."

Lc. 3:2, ἐπὶ ἀρχιερεως Ἄννα καὶ Καϊάφα.

Con el dativo:

De, junto a, en (lugar, base).
  Mc. 1:22, ἐξεπλήσσοντο ἐπὶ τῇ διδαχῇ αὐτοῦ,
  "y se asombraron de su enseñanza."

  Jn. 4:6, ἐπὶ τῇ πηγῇ.

Con el acusativo:

Para, en, sobre.
  Jn. 6:16 κατέβησαν οἱ μαθηταὶ αὐτοῦ ἐπὶ τὴν θαλασσαν,
  "sus discípulos bajaron al mar."

  Jn. 7:30, ἐπ᾽ αὐτόν. Jn. 8:59, ἐπ᾽ αὐτόν.

En Compuestos:

a. *Sobre* (lugar, superintendencia).
  Jn. 7:30, οὐδεὶς ἐπέβαλεν ἐπ᾽ αὐτὸν τὴν χεῖρα,
  "nadie le echó mano."

  Jn. 3:12, τὰ ἐπίγεια.

  Hech. 20:28, ἐπισκόπους.

b. *Perfectivo.*

Mat. 11:27, οὐδεὶς ἐπιγινώσκε τὸν υἱὸν εἰ μὴ ὁ πατήρ, οὐδὲ τὸν πατέρα τις ἐπιγινώσκει εἰ μὴ ὁ υἱός,
"nadie conoce (plenamente) al Hijo, sino el Padre; ni al Padre conoce (plenamente) nadie, sino el Hijo."

Rom. 10:2, κατ᾽ ἐπίγνωσιν.

Nota: También podrán encontrarse otros significados afines de ἐπί.

14. κατά (opuesto de ἀνά, y significa *abajo*)

Con el genitivo:

a. *Contra.*

Lc. 11:23, Ὁ μὴ μετ᾽ ἐμοῦ κατ᾽ ἐμοῦ ἐστιν,
"el que no es conmigo, contra mí es."

Jn. 19:11, κατ᾽ ἐμοῦ.

b. *Por* (en juramentos).

Heb. 6:13, ἐπεὶ κατ᾽ οὐδενὸς ἔχειν μείζονος ὀμόσαι, ὤμοσεν καθ᾽ ἑαυτοῦ,
"puesto que no podía jurar por otro mayor, juró por sí mismo."

Mat. 26:63, κατὰ τοῦ θεοῦ.

c. *Abajo, a lo largo de.*
    Lc. 8:33, ὥρμησεν ἀγέλη κατὰ τοῦ κρημνοῦ,
      "la piara lanzóse furiosamente por un despeñadero (a lo
      largo del despeñadero)."

    Lc. 14:14, καθ᾽ ὅλης τῆς περιχώρου.

Con el acusativo:

a. *Según, conforme a.*
    Jn. 18:31, κατὰ τὸν νόμον ὑμῶν κρίνατε αὐτον,
      "juzgadle conforme a vuestra ley."

    Jn. 2:6, κατὰ τὸν καθαρισμόν.

b. *Por* (distributivamente).
    Lc. 22:53, καθ᾽ ἡμέραν,
      "todos los días (día por día)."

    Jn. 21:25, καθ᾽ ἕν.

    Jn. 10:3, κατ᾽ ὄνομα.

En compuestos:

a. *Abajo.*
    Jn. 1:32, τεθέαμαι τὸ πνεῦμα καταβαῖνον,
      "Yo he visto al Espíritu que descendió."

    Jn. 17:24, καταβολῆς.

b. *Contra.*

Jn. 18:29, τίνα κατηγορίαν φέρετε τοῦ ἀνθρώπου τούτου;
"Qué acusación traéis contra este hombre?"

Mc. 14:60, καταμαρτυροῦσιν.

c. *Uso intensivo.*

Jn. 2:17, ὁ ζῆλος τοῦ οἴκου σου καταφάγεται με,
"el celo de tu Casa me consume (me come completamente)."

Jn. 1:5, κατέλαβεν.

15. μετὰ

Con el genitivo:

Con.

Jn. 3:2, ἐὰν μὴ ᾖ ὁ θεὸς μετ᾽ αὐτοῦ,
"a menos que Dios esté con él."

Jn. 3:25, μετὰ Ἰουδαίου.

Con el acusativo:

Después.

Jn. 13:7, γνώσῃ δὲ μετὰ ταῦτα,
"más lo entenderás después de estas cosas."

Jn. 13:27, μετὰ τὸ ψωμίον.

En compuestos:

a. *Cambio.*
　　Mc. 9:2, μετεμορφώθη,
　　　"fue transfigurado (cambiada su apariencia)."

　　Jn. 5:24, μεταβέβηκεν.

b. *Con.*
　　Hech. 2:46, μετελάμβανον τροφῆς,
　　　"tomaban el alimento (con otros)."

　　1 Cor. 10:21, μετέχειν.

16. παρά (su significado general, *a lo largo de*)

Con el genitivo:
　De parte de, desde.
　　Jn. 1:6, Ἐγένετο ἄνθρωπος ἀπεσταλμένος παρὰ θεοῦ,
　　　"Hubo un hombre, enviado (de parte) de Dios."

　Jn. 4:9, παρ᾽ ἐμοῦ.

Con el dativo:
　Junto a, con (generalmente en reposo).
　　Jn. 1:39, παρ᾽ αὐτῷ ἔμειναν,
　　　"se quedaron con él."

　Jn. 17:5, παρὰ σεαυτῷ ... παρά σοι.

Con el acusativo:

a. *A lo largo de, en* (generalmente en movimiento)
Mt. 15:29, ὁ Ἰησοῦς ἦλθεν παρὰ τὴν θάλασσαν τῆς Γαλιλαίας,
"Jesús pasó a lo largo del mar de Galilea."

Mt. 15:30, παρὰ τοὺς πόδας αὐτοῦ.

b. *Más allá, encima.*
Lc. 3:13, Μηδὲν πλέον παρὰ τὸ διατεταγμένον ὑμῖν πράσσετε,
"No exijas más de lo que está ordenado
(más allá de lo que está ordenado)."

Lc. 13:2, παρὰ πάντας τοὺς Γαλιλαίους.

c. *Contrario a.*
Rom. 11:24, παρὰ φύσιν,
"contrario a la naturaleza."

Rom. 16:17, παρὰ τὴν διδαχήν.

En compuestos:

a. *A un lado, impropiamente.*
Hech. 23:3, παρανομῶν,
"en contra de la ley (actuando)."

Mt. 15:2 παραβαίνουσιν.

b. *A lo largo de, por.*
Jn. 18:22, εἷς παρεστηκὼς τῶν ὑπηρετῶν,
"uno de los alguaciles que estaba presente."

Jn. 14:16, ἄλλον Παράκλητον.

17. περί (su significado general, *acerca de, alrededor de*)

Con el genitivo:
Acerca de, concerniente a.
Jn. 15:26, ἐκεῖνος μαρτυρήσει περὶ ἐμοῦ,
"él (aquel) testificará (acerca) de mí."

Jn. 16:8, περὶ ἁμαρτίας καὶ περὶ δικαιοσύνης καὶ περὶ κρίσεως.

Con el acusativo:
Alrededor de, cerca de.
Mt. 18:6, περὶ τὸν τράχηλον αὐτου,
"al cuello (alrededor de su cuello)."

Mt. 20:3, περὶ τρίτην ὥραν.

En compuestos:
Alrededor.
Jn. 11:42, διὰ τὸν ὄχλον τὸν περιεστῶτα,
"a causa de la multitud que está presente (alrededor)."

Jn. 19:2, περιέβαλον.

Uso intensivo.
    Lc. 18:23, περίλυπος ἐγενήθη,
     "se puso muy triste."

    1 Tes. 4:15, οἱ περιλειπόμενοι.

18. πρό (su significado general, *antes de*)

  Con el genitivo:

a. *Antes que* (tiempo).
    Jn. 1:48, Πρὸ τοῦ σε Φίλιππον φωνῆσαι,
     "Antes que Felipe te llamara."

    Jn. 11:44, πρὸ τοῦ πασχα.

b. *Delante de, en frente de* (lugar).
    Hech. 12:6, φυλακές τε πρὸ τῆς θύρας,
     "y los guardas, delante de la puerta."

    Hech. 12:14, πρὸ τοῦ πυλῶνος.

c. *Antes de, por encima de* (preferencia o superioridad).
    Stg. 5:12, πρὸ πάντων,
     "ante todo (más importantes que todas las cosas)."

    1 Pe. 4:8, πρὸ πάντων.

En compuestos:

d. *Antes, delante de* (lugar).
Mt. 26:32, προάξω ὑμᾶς,
"iré delante de vosotros."

Mc. 14:68, εἰς τὸ προαύλιον.

e. *De antemano* (tiempo).
Mc. 13:11, μὴ προμεριμνᾶτε,
"No os afanéis de antemano."

Mc. 14:8, προέλαβεν.

πρός (su significado general, *a, hacia*, opuesto de ἀπό)

Con el dativo:
Junto a, en.
Jn. 20:11, Μαρία δὲ εἰστήκει πρὸς τῷ μνημείῳ ἔξω,
" pero María se estaba de pie afuera junto al sepulcro."

Jn. 20:12, ἕνα πρὸς τῇ κεφαλῇ καὶ ἕνα πρὸς τοῖς ποσίν.

Con el acusativo:

f. *Hasta, a.*
Jn. 1:19, ἀπέστειλαν πρὸς αὐτὸν οἱ Ἰουδαῖοι,
"los judíos le enviaron (hasta él)."

Jn. 1:29, πρὸς αὐτόν.

g. *A (equivalente de complemento indirecto).*
Jn. 2:3, λέγει ἡ μήτηρ τοῦ Ἰησοῦ πρὸς αὐτόν,
"la madre de Jesús le dice (a él)."

Jn. 6:28, εἶπον οὖν πρὸς αὐτόν.

h. *En, con, en la presencia de.*
Jn. 1:1, ὁ λόγος ἦν πρὸς τὸν θεόν,
"el Verbo era con Dios (estaba en la presencia de Dios)."

i. *Concerniente a, de.*
Heb. 1:7, πρὸς μὲν τοὺς ἀγγέλους,
"y de los ángeles."

Heb. 5:1, τὰ πρὸς τὸν θεόν.

j. *Con el propósito de, para.*
Ro. 3:26, πρὸς τὴν ἔνδειξιν τῆς δικαιοσύνης αὐτοῦ,
"para manifestación de su justicia."

Mt. 6:1, πρὸς τὸ θεαθῆναι αὐτοῖς.

En compuestos:

a. *A, hasta.*
Jn. 12:21, οὗτοι οὖν προσῆλθον Φιλίππῳ,
"estos, pues, se llegaron a (hasta) Felipe."

Jn. 16:2, προσφέρειν.

b. *En adición.*

Lc. 3:20, προσέθηκεν καὶ τοῦτο ἐπὶ πᾶσιν,
"añadió ésta tambien sobre todas (las demás)."

Lc. 19:16, προσηργάσατο.

19. σύν (su significado general, *con*)

Con el dativo:
Con, juntamente con.
Jn. 12:2, ὁ δὲ Λάζαρος εἷς ἦν ἐκ τῶν ἀνακειμένων σὺν αὐτῷ,
"pero Lázaro era uno de aquellos que estaban a la mesa (juntamente) con él."

Jn. 18:1, σὺν τοῖς μαθηταῖς αὐτοῦ.

En compuestos:
Juntamente, juntamente con.
Jn. 11:16, τοῖς συμμαθηταῖς,
"a los *condiscípulos*."

Jn. 6:22, συνεισῆλθεν.

20. ὑπέρ (su significado general, *sobre*, opuesto de ὑπό)

Con el genitivo:

a. *A favor de, por causa de.*
Jn. 13:38, τὴν ψυχήν σου ὑπὲρ ἐμοῦ θήσεις;
"Tu vida pondrás por (causa de) mi?"

Jn. 15:13, ὑπὲρ τῶν φίλων αὐτοῦ.

b. *Tocante a, en referencia a.*

II Cor. 5:12, ἀφορμὴν διδόντες ὑμῖν καυχήματος ὑπὲρ ἡμῶν,
"os damos ocasión de gloriaros por nuestra   causa."

II Cor. 1:7, ὑπὲρ ὑμῶν.

Con el acusativo:

a. *Encima, más allá de* (superioridad).

Mt. 10:24, οὐκ ἔστιν μαθητής ὑπὲρ τὸν διδάσκαλον,
"el discípulo no es mejor que u maestro (no está por encima de él)."

Ef. 1:22, ὑπὲρ πάντα.

b. *Encima, más que* (exceso).

Mt. 10:37, ὁ φιλῶν παρτέρα ἢ μητέρα ὑπὲρ ἐμέ,
"el que ama a padre o a madre más que a mí."

Hech. 26:13, ὑπὲρ τὴν λαμπρότητα τοῦ ἡλίου.

En compuestos:
Sobre, encima.

Hech. 17:30, τοὺς … χρόνους τῆς ἀγνοίας ὑπεριδών,
"los tiempos de ignorancia ... los dejó pasar (por alto)."

Rom. 8:37, ὑπερνικῶμεν.

21. ὑπό (su significado general, bajo, opuesto de ὑπέρ)

Con el genitivo:
  Por (agente).
   Lc. 21:24, Ἰερουσαλήμ ἔσται πατουμένη ὑπὸ ἐθνῶν,
    "Jerusalén será hollada por los gentiles."

   Jn. 14:21, ὑπὸ τοῦ πατρός μοῦ.

Con el acusativo:
  Bajo.
   Rom. 6:14, οὐ γὰρ ἐστε ὑπὸ νόμον ἀλλὰ ὑπὸ χάριν,
    "pues no estáis bajo ley sino bajo gracia."

   Jn. 1:48, ὑπὸ τὴν συκῆν.

En compuestos:

a. *Bajo* (lugar).
   Lc. 21:19, ἐν τῇ ὑπομονῇ ὑμῶν,
    "en vuestra paciencia (permaneciendo bajo)."

   Jn. 1:27, τοῦ ὑποδήματος.

b. *Bajo* (sujeción).
   Rom. 3:19, ἵνα ... ὑπόδικος γένηται πᾶς ὁ κόσμος,
    "para que ... el mundo todo se tenga por reo (sujeto a juicio)."

   Rom. 1:5, εἰς ὑπακοήν.

Excepciones a las reglas básicas del uso de las preposiciones

1. En algunas ocasiones, el uso "perfectivo" e "intensivo" de una preposición en compuestos ha perdido su fuerza intensiva y difiere poco o nada del significado de la forma no compuesta.

   P.e. ἐρωτάω y ἐπερωτάω, ὄλλυμι y ἀπόλλυμι.

2. Las frases preposicionales sirven algunas veces para expresar el mismo significado como un caso puro.

   P.e., compare:

   1) ἐκ τῶν μαθητῶν αὐτοῦ δύο, dos de sus discípulos (Jn. 1:35), y el genitivo distributivo (Jn. 2:11), ἀρχὴν τῶν σημείων.

   2) ἐν σαββάτῳ, en el sábado (Jn. 5:16), y el dativo de tiempo (Jn. 6:54), τῇ ἐσχάτῃ ἡμέρᾳ.

   3) λέγει ἡ μήτηρ τοῦ Ἰησοῦ πρὸς αὐτόν, la madre de Jesús le dice (Jn. 2:3), el dativo del complemento indirecto (Jn. 1:25), εἶ παν αὐτῷ.

3. Algunas preposiciones aparentemente se intercambian a veces con otras con poca o ninguna diferencia en significado. Sin embargo, cada pasaje tiene que estudiarse por separado en tales casos para determinar si hay diferencia de significado o no.

   P.e.,

   1) ἀπὸ τῶν καρπῶν αὐτῶν (Mt. 7:16), ἐκ τοῦ ἰδίου καρποῦ (Lc. 6:44).

   2) (posiblemente) πρὸς τὴν ἔνδειξιν τῆς δικαιοσύνης αὐτοῦ y εἰς τὸ εἶναι αὐτὸν δίκαιον (Rom. 3:26).

   3) διὰ ποῖον αὐτῶν ἔργων y περὶ καλοῦ ἔργου ... περὶ βλασφημίας (Jn. 10:32, 33).

Otros ejemplos seguramente puedan también encontrarse.

Algunos adverbios, con especialidad los de lugar, se pueden usar como preposiciones. Casi todos ellos tienen su objeto en caso genitivo.

P.e., Jn. 1:26, μέσος ὑμῶν.

Si una preposición se repite antes de una serie de sustantivos, cada una ha de considerarse por separado; si no se repite, han de considerarse juntamente. (Vea la regla de Granville Sharp del artículo definido, p. 21).

ἐν ὅλῃ τῇ καρδίᾳ σου καὶ ἐν ὅλῃ τῇ ψυχῇ σου καὶ ἐν ὅλῃ τῇ διανοίᾳ

Pero II Tes. 2:9, ἐν πάσῃ δυνάμει καὶ σημείοις καὶ τέρασιν ψεύδους.

Un verbo combinado con una preposición puede llevar un predicado en una de las siguientes formas:

1. El caso que requiere el verbo simple.
   Mt. 21:41, οἵτινες ἀποδώσουσιν αὐτῷ τοὺς καρπούς.

2. Una frase preposicional que usa la misma o una preposición similar como aquella en la forma compuesta; la frase preposicional toma su caso normal.
   Jn. 9:15, πηλὸν ἐπέθηκέν μου ἐπὶ τοὺς ὀφθαλμούς.

3. El caso que la preposición requiere que está en forma compuesta, pero sin repetir la preposición. Mt. 13:1, ἐξελθὼν ὁ Ἰησοῦς τῆς οἰκίας.
   Gal. 2:19, συνεσταύρωμαι χριστῷ.

Adjetivos

En griego algunas veces se usa un adjetivo en posición predicativa donde en español se puede usar un adverbio.

Hech. 12:10, ἥτις αὐτομάτη ἠνοίγη αὐτοῖς,

"la cual se les abrió de suyo (automáticamente)."

Contrucciones que forman los comparativos:

1. Genitivo de comparación

   El segundo miembro de la comparación se coloca en caso genitivo.

   Jn. 8:53, μὴ σὺ μείζων εἶ τοῦ πατρὸς ἡμῶν Ἀβραάμ;

   "Eres *tú* mayor que nuestro *padre* Abrahám?"

   Jn. 5:36, Ἐγὼ δὲ ἔχω τὴν μαρτυρίαν μείζω τοῦ Ἰωάννου.

2. El segundo miembro de la comparación puede colocarse en el mismo caso que el primer miembro, unido por ἤ, "que."

   Jn. 4:1, Ἰησοῦς πλείονας μαθητὰς ποιεῖ καὶ βαπτίζει ἢ Ἰωάννης,

   "*Jesús* hacío y bautizaba más discípulos que *Juan*."

   Jn. 3:19, ἠγάπησαν οἱ ἄνθρωποι μᾶλλον τὸ σκότος ἢ τὸ φῶς.

3. El segundo miembro de la comparación se coloca algunas veces en una frase preposicional, ὑπέρ con el acusativo o parav con el acusativo.

Lc. 16:8, οἱ υἱοὶ τοῦ αἰῶνος τοῦτο φρονιμώτεροι ὑπὲρ τοὺς υἱοὺς τοῦ φωτός,

"los hijos de este siglo son más cuerdos *que* los hijos de la luz."

Heb 11:4, πλείονα θυσίαν Ἄβελ παρὰ Κάιν προσήνεγκεν.

El grado comparativo se usa a veces donde en español se requiere el superlativo.

1 Cor. 13:13, μείζων δὲ τούτων ἡ ἀγάπη,

"pero *la mayor* de ellas (tres) es el amor."

Mt. 18:1, τίς ἄρα μείζων ἐστὶν ἐν τῇ βασιλεια τῶν οὐρανῶν;

Pronombres

Notas especiales sobre los pronombres relativos

Algunas excepciones a la sintaxis normal

Cuando el antecedente de un pronombre relativo es un pronombre o alguna otra palabra fácilmente entendida tal como "persona," "tiempo," etc., ordinariamente el antecedente se omite.

Jn. 18:26, συγγενὴς ὢν οὗ ἀπέκοψεν Πέτρος τὸ ὠτίον, "siendo pariente *de aquel* cuya oreja Pedro había cortado."

Jn. 5:21, ὁ υἱὸς οὓς θέλει ζωοποιεῖ.

El pronombre relativo puede estar en el mismo caso de su antecedente (aunque gramaticalmente no debería ser).

Jn. 15:20, μνημονεύετε τοῦ λόγου οὗ ἐγὼ εἶπον ὑμῖν, "Recuerden palabra que (propiamente ὅν) les dije."

Jn. 4:14, ἐκ τοῦ ὕδατος οὗ (propiamente ὅ) ἐγὼ δώσω αὐτῷ.

1. Si la omisión del antecedente deja una preposición suspendida u otra construcción incompleta, el pronombre relativo *tiene que* tomar el lugar y el caso del antecedente.

   Jn. 7:31, μὴ πλείονα σημεῖα ποιήσει ὧν οὗτος ἐποίησεν;
   "hará más milagros *que los que* (ποιήσει τῶν σημείων ἅ) ha hecho este hombre?"

   Jn. 17:9, ἐγὼ ἐρωτῶ ... περὶ ὧν δέδωκάς μοι,
   "yo ruego ... por *los que* (περὶ τῶν ἀνθρώπων οὓς) tú me has dado."

   Heb. 5:8, ἔμαθεν ἀφ᾽ ὧν ἔπαθεν τὴν ὑπακοήν.

2. El pronombre relativo reemplaza algunas veces el artículo de su antecedente y toma el caso del artículo omitido.

   Jn. 11:6, ἔμεινεν ἐν ᾧ ἦν τόπῳ (es decir, ἐν τῷ τόπῳ ἐν ᾧ ἦν),
   "se quedó en *el lugar en el cual* estaba."

   Jn. 9:14, ἐν ᾗ ἡμέρα.

De vez en cuando, el *antecedente* se pone en el mismo caso del pronombre relativo (cuando gramaticalmente no debería ser así-lo contrario de letra B).

   1 Cor. 10:16, τὸν ἄρτον ὃν κλῶμεν, οὐχὶ κοινωνία τοῦ σώματος τοῦ χριστοῦ ἐστιν;
   "*El pan* (propiamente sería ὁ ἄρτος) que partimos, ¿no es la comunión del cuerpo de Cristo?"

   Mc. 6:16, ὃν ἐγὼ ἀπεκεφάλισα Ἰωάννην (propiamente sería Ἰωάννης), οὗτος ἠγέρθη.

El pronombre relativo algunas veces toma el género de su predicado más bien que el de su antecedente, cuando el predicado explica efectivamente al antecedente.

Mc. 15:16, ἔσω τῆς αὐλῆς, ὅ ἐστιν πραιτώριον (propiamente ἥ), "dentro del atrio, que es el pretorio."

Ef. 6:17, τὴν μάχαιραν ... ὅ (propiamente ἥ) ἐστιν ῥῆμα θεοῦ.

El pronombre relativo neutro se usa algunas veces como un adverbio.

1. ὅ "en cuanto."
   Rom. 6:10, ὃ γὰρ ἀπέθανεν ... ὃ δὲ ζῇ, "Porque *en cuanto* murió ... más *en cuanto* vive."

   Gal. 2:20, ὃ δὲ νῦν ζῶ.

2. οὗ "donde."
   Luc. 4:16, Καὶ ἦλθεν εἰς Ναζαρά, οὗ ἦν τεθραμμένος, "Y vino a Nazareth, *donde* había sido criado."

   Luc. 4:17, τὸν τόπον οὗ ἦν γεγραμμένον.

El pronombre αὐτός se usa a veces en forma redundante con un pronombre relativo.

Mc. 7:25, γυνὴ ... ἧς εἶχεν τὸ θυγάτριον αὐτῆς, "una mujer, *cuya* hijita *de ella* tenía ..."

Jn. 1:27, οὗ οὐκ εἰμὶ ἐγὼ ἄξιος ἵνα λύσω αὐτοῦ τὸν ἱμάντα τοῦ ὑποδήματος.

Verbos

Usos de los modos del verbo

1. *Indicativo*: modo de hecho.
    Jn. 1:14, ὁ λόγος σάρξ ἐγένετο,
      "el Verbo llegó a ser carne."

    Jn. 1:14, ἐσκήνωσεν.

2. *Imperativo*: modo de mandato
    Usado en mandatos, súplicas, oraciones, etc., afirmativos y negativos
    (excepto con el negativo en el aoristo - vea 3d. abajo).
    Jn. 17:11, πάτερ ἅγιε, τήρησον αὐτούς,
      "Padre Santo, ¡guárdalos!"

    Jn. 5:14, μηκέτι ἁμάρτανε,
      "no péques más."

    Jn. 16:24, αἰτεῖτε.

3. *Subjuntivo*: modo de contingencia

   a. Exhortación. Con la primera persona del plural.
Jn. 19:24, μὴ σχίσωμεν αὐτόν;
"no lo rasguemos."

   Jn. 11:16, ἄγωμεν.

   b. Preguntas deliberadas, sean reales o retóricas. Tratan con 1) lo deseable, 2) lo posible, 3) lo necesario, o 4) lo obligatorio.
Jn. 6:28, τί ποιῶμεν;
"¿Qué hemos de hacer? (¿Qué hacemos?)"

   Jn. 19:15, τὸν βασιλέα ὑμῶν σταυρώσω;

   c. El aoristo del subjuntivo con dos negativos se usa como futuro negativo enfático.
Jn. 6:35, ὁ ἐρχόμενος πρὸς ἐμὲ οὐ μὴ πεινάσῃ,
"el que viene a mí de ninguna manera tendrá hambre."

   Jn. 6:37, οὐ μὴ ἐκβάλω.

   d. Cuando se expresa un mandamiento *negativo* en el tiempo aoristo, se usa el modo subjuntivo en lugar del imperativo.
Jn. 3:7, μὴ θαυμάσῃς,
"no te maravilles."

   Lc. 21:8, μὴ πλανηθῆτε … μὴ πορευθῆτε ὀπίσω αὐτῶν.

e. En varias cláusulas dependientes de contingencia. (Unos de estas cláusulas pueden referirse a un hecho, tomando el modo indicativo; o pueden referirse a una contingencia, y toma el modo subjuntivo).

Jn. 3:12, ἐὰν εἴπω,

"si os dijere."

Jn. 1:8, ἵνα μαρτυρήσῃ,

"para dar testimonio."

4. Optativo: modo de esperanza y otros usos raros. Por ejemplo para expresar un deseo o una petición u oración.

1 Tes. 5:23, Αὐτὸς δὲ ὁ θεὸς τῆς εἰρήνης ἁγιάσαι ὑμᾶς ὁλοτελεῖς,

"El mismo Dios de paz os santifique del todo."

Rom. 3:4, μὴ γένοιτο.

Uso de los tiempos del modo indicativo.

Bosquejo de los tiempos del *modo indicativo*

Clase De Acción	Tiempo De Acción		
	Presente	Pasado	Futuro
Continuada	γράφω (Tiempo presente) yo estoy escribiendo	ἔγραφον (Tiempo Imperfecto) yo estaba escribiendo	γράψω (Tiempo Futuro) yo estaré escribiendo
Indefinida o Simple	γράφω (Tiempo presente) yo escribo	ἔγραψα (Tiempo Aoristo) yo escribí	γράψω (Tiempo Futuro) yo escribiré
Perfectiva (estado que resulta)	γέγραφα (Tiempo perfecto) Yo estoy en una condición que resulta de haber escrito	ἐγεγράμμην (Tiempo Pluscuam-perfecto) Yo estaba en una condición que resultó de haber escrito previamente	ἔσομαι γεγραφώς (Tiempo futuro perfecto) Yo estaré en una condición que resultará de haber escrito previamente

1. *El Presente*

   a. Acción[1] en el presente, progresiva o repetida.
      Jn. 1:48, πόθεν με γινώσκεις;
      "¿De dónde me conoces?"

      Jn. 1:50, πιστεύεις.

---

1   Nota: Cuando el verbo es un verbo de estado en lugar de acción, se debe sustituir la palabra "estado" en lugar de la palabra "acción," con la excepción de 2d y 3b abajo.

b. Hecho simple en el presente.
Jn. 3:3, ἀμὴν, ἀμὴν λέγω σοι,
"En verdad, en verdad te digo."

Jn. 4:9, αἰτεῖς.

c. Connotativo: tendencia connata en el presente.
Jn. 10:32, διὰ ποῖον αὐτῶν ἔργον ἐμὲ λιθάζετε;
"por cuál obra de estas (obras) queréis apedrearme?"

d. Gnómico; para expresar verdades generales, proverbios, y acciones acostumbradas sin referencia a tiempo específico.
Jn. 2:10, πᾶς ἄνθρωπος πρῶτον τὸν καλὸν οἶ νον τίθησιν,
"Todo hombre (de costumbre) pone al principio el vino bueno."

Jn. 3:8, τὸ πνεῦμα … πνεῖ.

e. Histórico: para expresar un evento en el pasado.
Jn. 1:29, Τῇ ἐπαύριον βλέπει τὸν Ἰησοῦν,
"Al día siguiente, él ve (*vió*) a Jesús."

Jn. 1:29, λέγει.

f. Futurístico: para expresar un evento en el futuro.
Jn. 14:2, πορεύομαι ἑτοιμάσαι τόπον ὑμῖν,
"voy (p.e., iré) a prepararos el lugar."

Jn. 14:3, πάλιν ἔρχομαι.

g. Acción del pasado que continúa en el presente, pero solamente si hay una frase específica que indica que incluye el pasado.
Lc. 15:29, τοσαῦτα ἔτη δουλεύω σοι,
   "tantos años te he servido y sigo sirviendote."

Jn. 14:9, τοσοῦτον χρόνον μεθ᾽ ὑμῶν εἰμι.

2. *El imperfecto*

a. Acción continua, o estado que existe, en el pasado.
Jn. 2:25, αὐτὸς γὰρ ἐγίνωσκεν τί ἦν ἐν τῷ ἀνθρώπῳ,
   "porque sabía (contínuamente) él mismo lo que había en el hombre."

Jn. 11:36, ἐφίλει.

b. Acción repetida en el pasado.
Jn. 5:18, ὅτι οὐ μόνον ἔλυεν τὸ σάββατον, ἀλλὰ καὶ πατέρα ἴδιον ἔλεγεν τὸν θεόν,
   "porque no solamente quebrantaba (repetidamente) el sábado, sino que también llamaba (varias veces) a Dios su propio Padre."

Jn 2:23, τὰ σημεῖα ἃ ἐποίει.

c. Acciones acostumbradas en el pasado.
Hech. 3:2, ὃν ἐτίθουν καθ᾽ ἡμέραν,
   "a quien ponían diariamente."

Mc. 15:6, ἀπέλυεν.

d. El comienzo de una acción en el pasado (no de un estado; vea 3b).
Lc. 5:6, διερρήσσετο δὲ τὰ δίκτυα αὐτῶν,
"las redes comenzaron a romperse (no realmente rompieron)."

Jn. 13:22, ἔβλεπον εἰς ἀλλήλους οἱ μαθηταί.

e. Intención o connato no llevado a cabo, en el pasado.
Hech. 7:26, συνήλλασσεν αὐτούς,
"los iba a poner en paz."

f. Una acción que ocurre mientras otra acción, expresada o denotada, está ocurriendo.
Lc. 23:39, ἐβλασφήμει αὐτόν,
"le escarnecía (mientras otros eventos ocurrían)."

g. Deseo imposible, no práctico, o indeciso.
Rom. 9:3, ηὐχόμην γὰρ ἀνάθεμα εἶναι αὐτὸς ἐγὼ ἀπὸ τοῦ Χριστοῦ ὑπὲρ τῶν ἀδελφῶν μου,
"Porque podría yo mismo orar para ser anatema de Cristo, a causa de mis hermanos (reconociendo que Dios no podría asentir a tal petición).

Lc. 15:16, ἐπεθύμει γεμίσαι τὴν κοιλίαν αὐτοῦ ἐκ τῶν κερατίων ὧν ἤσθιον οἱ χοῖροι.

3. *El Aoristo*

a. Acción completada en el pasado - pensando en esa acción en su totalidad, o como un hecho solo.
Jn. 1:11, οἱ ἴδιοι αὐτὸν οὐ παρέλαβον,
"los suyos no le recibieron."

Jn. 1:12, ἔδωκεν.

b. Inceptivo—indica el comienzo de un *estado* en el pasado (*no* de una acción como el imperfecto).
Lc. 15:32, ὁ ἀδελφός σου οὗτος νεκρὸς ἦν καὶ ἔζησεν,
"este tu hermano muerto era, y *ha vuelto a vivir*."

Hech. 7:60, ἐκοιμήθη.

c. Epistolario--se usa en cartas, para referir a una acción que será pasada cuando el destinatario la lee, aunque no sea pasada cuando se la escribe.
Fil. 2:28, ἔπεμψα αὐτόν,
"le envié (de su punto de vista cuando lee esta carta)."

Gal. 6:11, Ἴδετε πηλίκοις ὑμῖν γράμμασιν ἔγραψα τῇ ἐμῇ χειρί.

d. Gnómico--expresa proverbios o verdades generales sin referencia a tiempo real. (El aoristo gnómico es más raro que el presente gnómico).

1 Pe. 1:24, ἐξηράνθη ὁ χόρτος, καὶ τὸ ἄνθος ἐξέπεσεν,

   "la hierba se seca, y la flor se cae (cada año, pasado, presente y futuro)."

Jn. 15:6, ἐβλήθη ... ἐξηράνθη.

4. *El Futuro*

   a. Acción indefinida o sencilla, sin indicación de su extensión en el futuro.

   Jn. 14:26, τὸ πνεῦμα τὸ ἅγιον ὃ πέμψει ὁ πατήρ,

      "el Espíritu Santo, a quien el Padre enviará."

   Jn. 14:3, παραλήμψομαι.

   b. Acción continua en el futuro.

   Jn. 14:30, οὐκέτι πόλλα λαλήσω μεθ᾽ ὑμῶν,

      "no hablaré ya mucho con vosotros."

   Jn. 14:12, ποιήσει.

   c. Futuro declarativo o de mandamiento.

   Mt. 1:21, καλέσεις τὸ ὄνομα αὐτοῦ Ἰησοῦν,

      "llamarás su nombre Jesús (es decir, "llama")."

   Mt. 19:18-19, οὐ φονεύσεις, οὐ μοιχεύσεις, οὐ κλέψεις, οὐ ψευδομαρτυρήσεις, ... καὶ ἀγαπήσεις ...

d. A veces se usa el futuro del indicativo en varias cláusulas en que la forma regular es el aoristo del subjuntivo.

Jn. 6:68, (una pregunta de deliberación) κύριε, πρὸς τίνα ἀπελευσόμεθα;

   "Señor, a quién podemos ir?"

Jn. 4:14, οὐ μὴ διψήσει.

5. *El Perfecto* (Presente del perfecto)

Quiere decir un *estado* en el *presente* que es el *resultado* de una *acción* en el *pasado*. (No es exactamente el equivalente del antepresente en el español).

Jn. 1:34, κἀγὼ ἑώρακα, καὶ μεμαρτύρηκα,

   "y yo he visto y testificado," (y estoy en una condición como resultado de esto.)

Jn. 2:10, τετήρηκας.

Jn. 3:13, ἀναβέβηκεν.

La condición resultante puede ser la del sujeto del verbo, la del que recibe la acción del verbo, o la de otra persona o cosa.

Jn. 19:22, Ὃ γέγραφα, γέγραφα,

   "lo que he escrito, está escrito" (y queda en esta condición).

6. *Pluscuamperfecto* (Perfecto del pasado)

Quiere decir un *estado* en el *pasado* que es el *resultado* de una *acción* anterior.

Jn. 1:24, ἀπεσταλμένοι ἦσαν ἐκ τῶν Φαρισαίων,
  "ellos habían sido enviados (es decir, ellos estaban allí con Juan como resultado de haber sido enviados) de parte de los fariseos."

Jn. 4:8, οἱ γὰρ μαθηταὶ αὐτοῦ ἀπεληλύθεισαν εἰς τὴν πόλιν,
  "porque sus discípulos se habían ido a la ciudad"
  (es decir, se habían ido y no habían regresado).

Jn. 6:17, ἐγεγόνει.

7. *Futuro Perfecto* (raro en el N.T. y ocurre solamente en forma perifrástica)

Quiere decir un *estado* en el *futuro* que es el *resultado* de una *acción* anterior a ese estado.

Heb. 2:13, ἐγὼ ἔσομαι πεποιθὼς ἐπ᾽ αὐτῷ,
  "yo estaré en una condición resultante de haber confiado previamente en él."

Lc. 6:40, κατηρτισμένος δὲ πᾶς ἔσται.

Uso de los tiempos en los otros modos (vea también sección E abajo, en lo que se refiere a los tiempos del participio).

8. *Presente*. Denota acción continua o repetida. (No indica el tiempo real. Hay que averiguar el tiempo real por el contexto, muchas veces por el verbo principal).

Jn. 1:33, βαπτίζειν ἐν ὕδατι,

"bautizar (repetidamente) en augua."

Jn. 1:43, ἀκολούθει μοι.

9. *Aoristo*. Denota acción que se considera como completa (en un tiempo determinado por el verbo principal o por el contexto).

Jn. 1:7 (acción indefinida), οὗτος ἦλθεν εἰς μαρτυρίαν, ἵνα μαρτυρήσῃ,

"Este vino para testimonio, para que testificara"
(sin hablar de la extensión del tiempo).

Jn. 2:7 (acción simple), γεμίσατε.

10. *Perfecto*. Denota un estado (en un tiempo determinado por el verbo principal o por el contexto) que resulta de una acción anterior.

Jn. 17:19 (perfecto pasivo subjuntivo escrito perifrásticamente), ἵνα ὦσιν...ἡγιασμένοι,

"para que ellos también sean santificados" (en una condición resultante de santificación previa).

Mc. 4:39 (perfecto pasivo imperativo), πεφίμωσο.

11. *Futuro* (raro en el N.T.). Denota acción que ocurre después de la acción del verbo principal.

Hech. 23:30, μηνυθείσης δέ μοι ἐπιβουλῆς εἰς τὸν ἄνδρα ἔσεσθαι, "Mas habiéndoseme avisado que armaban (después) asechanzas contra el hombre."

Hech. 24:15, μέλλειν ἔσεσθαι.

El infinitivo: sus funciones

Puede denotar un proceso (en el tiempo presente), un evento (tiempo aoristo), o un estado resultante de una acción anterior (tiempo perfecto).

1. El infinitivo sin el artículo

   a. Puede expresar *propósito*.
      Jn. 4:15, ἵνα μὴ διψῶ μηδὲ διέρχωμαι ἐνθάδε ἀντλεῖν, "para que yo no tenga sed, ni venga hasta aquí *a sacarla* (es decir, con el propósito de sacarla)."

      Jn. 1:33, βαπτίζειν.

   b. A veces, puede expresar *resultado* que no es el propósito.
      Apoc. 5:5, ἐνίκησεν ὁ λέων ὁ ἐκ τῆς φυλῆς Ἰούδα, ἡ ῥίζα Δαυίδ, ἀνοῖξαι τὸ βιβλίον, "el León de la tribu de Judá, la raíz de David, ha prevalecido para (con el resultado de que pueda) abrir el libro."

      Nota: Sin embargo, la construcción regular para expresar resultado es ὥστε con el infinitivo y el caso acusativo.

c. Puede ser usado como un *sustantivo* o como una cláusula sustantiva.

1) Como sujeto, complemento, o en aposición con otro sustantivo.
   Jn. 1:43, ἠθέλησεν ἐξελθεῖν,
   "quiso salir."

   Jn. 4:4, διέρχεσθαι.

2) Para definir, limitar, o explicar el contenido de sustantivos, adjetivos, etc.
   Jn. 1:12, ἔδωκεν αὐτοῖς ἐξουσίαν τέκνα θεοῦ γενέσθαι,
   "les dio autoridad *de llegar a ser* hijos de Dios (es decir, el llegar a ser hijos de Dios es el contenido de la autoridad concedida).

   Jn. 13:10, χρείαν...νίψασθαι.

3) Para expresar la forma indirecta y otras declaraciones indirectas.
   Jn. 4:40, ἠρώτων αὐτὸν μεῖναι παρ᾽ αὐτοῖς,
   "le rogaban quedarse con ellos (es decir, le rogaban que se quedara...)"

2. El infinitivo con el artículo neutro

a. Puede usarse en cualquier caso, según el uso ordinario de los casos.
Fil. 1:21 (nominativo, sujeto de un verbo no escrito), τὸ ζῆν Χριστὸς καὶ τὸ ἀποθανεῖν κέρδος,

"el vivir es Cristo y el morir es ganancia."

Lc. 1:9 (genitivo, objeto de un verbo que toma el caso genitivo), ἔλαχε τοῦ θυμιᾶσαι,

"le tocó en suerte quemar el incienso."

Hech. 25:11, (acusativo, objeto de un verbo), οὐ παραιτοῦμαι τὸ ἀποθανεῖν.

b. Usos especiales en el caso genitivo

1) Puede denotar propósito.
Mt. 2:13, μέλλει γὰρ Ἡρῴδης ζητεῖν τὸ παιδίον τοῦ ἀπολέσαι αὐτό,

"porque Herodes va a buscar al niño con el propósito de matarle."

Mt. 3:13, τοῦ βαπτισθῆναι.

2) De vez en cuando, puede denotar resultado en contraste al propósito.
Rom. 7:3, ἐὰν δὲ ἀποθάνῃ ὁ ἀνήρ, ἐλευθέρα ἐστιν ἀπὸ τοῦ νόμου, τοῦ μὴ εἶναι αὐτὴν μοιχαλίδα γενομένην ἀνδρὶ ἑτέρῳ,

"si su marido muriere, libre es de esa ley, resultando no ser ella adúltera si se une con otro marido."

Mt. 21:32, τοῦ πιστεῦσαι.

3) Puede usarse como sustantivo en varias maneras; P.e.,

a) Como sujeto de un verbo.
Hech. 27:1, ἐκρίθη τοῦ ἀποπλεῖν ἡμᾶς,
"fue decidido *que navegásemos*."

b) Como complemento directo de un verbo.
Hech. 23:20, οἱ Ἰουδαῖοι συνέθεντο τοῦ ἐρωτῆσαί σε,
"los judíos han convenido en rogarte."

c) Para definir, limitar o explicar un sustantivo, verbo, o adjetivo.
Lc. 2:6, (limitando un sustantivo), ἐπλήσθησαν αἱ ἡμέραι τοῦ τεκεῖν αὐτήν,
"se le cumplió los días de dar a luz."

Lc. 9:51, (limitando un verbo), αὐτὸς τὸ πρόσωπον ἐστήρισεν τοῦ πορεύεσθαι εἰς Ἰερουσαλήμ,
"afirmó su rostro resueltamente para ir a Jerusalem."

Hech. 23:15, (limitando un adjetivo) ἕτοιμοι...τοῦ ἀνελεῖν.

d) Para denotar la forma indirecta y otras declaraciones indirectas.
Hech. 15:20, ἀλλὰ ἐπιστεῖλαι αὐτοῖς τοῦ ἀπέχεσθαι τῶν ἀλισγημάτων τῶν εἰδώλων,
"sino que se les escriba *que* se abstengan de las contaminaciones de los ídolos.

Hech. 21:12, παρεκαλοῦμεν ... τοῦ μὴ ἀναβαίνειν.

c. Uso como objetos de preposiciones (nunca sin el artículo)

1) Con cualquier preposición, según los sentidos ordinarios de la preposición.

Jn. 2:24, διὰ τὸ αὐτὸν γινώσκειν πάντας,

"porque conocía a todos."

Jn. 1:48, πρὸ τοῦ...φωνῆσαι.

2) Usos con εἰς y el caso acusativo

a) Puede denotar propósito.

Rom. 4:16, εἰς τὸ εἶναι βεβαίαν τὴν ἐπαγγελίαν,

"a fin (con el propósito) de que quede segura la promesa."

Rom. 7:4, εἰς τὸ γενέσθαι ὑμᾶς ἑτέρῳ.

b) De vez en cuando, denota resultado que no es el propósito.

1 Tes. 2:16, εἰς τὸ ἀναπληρῶσαι αὐτῶν τὰς ἁμαρτίας,

"como resultado, llenando sus pecados."

Ro. 1:20, εἰς τὸ εἶναι αὐτοὺς ἀναπολογήτους.

c) Puede usarse como una frase sustantiva, como complemento directo de un verbo, para expresar una declaración indirecta, o para definir, limitar, o explicar el contenido de un sustantivo, verbo o adjetivo.

Fil. 1:23, (dando la explicación del sustantivo "deseo"), τὴν ἐπιθυμίαν ἔχων εἰς τὸ ἀναλῦσαι,

"teniendo el deseo de partir."

II Tes. 2:1, 2 (exhortación indirecta), ἐρωτῶμεν δὲ ὑμᾶς... εἰς τὸ μὴ ταχέως σαλευθῆναι,

"os rogamos ... no moverse con ligereza."

El participio

1. Usos de los tiempos del participio (denotan la *manera* de la acción, no el tiempo real)

a. *Presente*

1) Acción continua o repetida.
Jn. 3:20, πᾶς γὰρ ὁ φαῦλα πράσσων,
"Porque todo aquel que practica (por lo comun) lo malo."

Jn. 3:21, ὁ δὲ ποιῶν τὴν ἀλήθειαν.

2) Acción simultánea a la del verbo principal.
Jn. 1:32, Τεθέαμαι τὸ πνεῦμα καταβαῖνον,
"Yo he visto al Espíritu (mientras estaba) descendiendo.

Jn. 1:47, ἐρχόμενον.

3) La misma acción como la del verbo principal (participios predicados solamente).
Jn. 1:32, ἐμαρτύρησεν Ἰωάννης λέγων,
"Juan testificó diciendo (aquí, "decir" es la misma acción como "testificar")."

Jn. 1:26, λέγων.

4) Para identificar algo o alguien como miembro de una clase o grupo, o para dar una característica de algo o alguien (participios atributivos solamente).
Jn. 4:37, ἄλλος ἐστιν ὁ σπείρων,
"uno es el que siembra (el sembrador)."

Jn. 4:37, ὁ θερίζων.

b. *Aoristo*

1) Concepto de una acción completa.
Jn. 1:33, ὁ πέμψας με...εἶπεν,
"el que me envió ... dijo."

Jn. 18:22, εἰπών.

2) Acción anterior a la del verbo principal.
Jn. 5:11, Ὁ ποιήσας με ὑγιῆ...εἶπεν,
"el que me sanó (antes) ... dijo (más tarde)."

Jn. 5:13, ὁ δὲ ἰαθεὶς οὐκ ᾔδει.

3) La misma acción de la del verbo principal (participios predicados solamente).

Mt. 27:4, Ἥμαρτον παραδοὺς αἷμα ἀθῷον,
  "pequé, habiendo entregado sangre inocente"
  (aquí "pecar" es la misma acción como "entregar").

Mt. 28:5, ἀποκριθεὶς...εἶπεν.

c. *Futuro* (raro en el N.T.)

Denota una acción futura a la del verbo principal.
Hech. 8:27, ὃς ἐληλύθει προσκυνήσων,
  "el cual había ido para adorar (después de llegar allí)."

Jn. 6:64, ὁ παραδώσων. (Puede expresarse con el participio presente de μέλλω con el infinitivo del verbo que se requiere.)

Jn. 12:4, λέγει δὲ Ἰούδας ... ὁ μέλλων αὐτὸν παραδιδόναι,
  "Dice Judas entonces ... el cual le iba a entregar (después)."

d. *Perfecto*

Denota un estado resultante de una acción anterior. Jn. 15:25, ὁ λόγος ὁ ἐν τῷ νόμῳ αὐτῶν γεγραμμένος, la palabra que está escrita en su ley. Jn. 1:6, ἀπεσταλμένος.

2. Funciones del participio

a. Función adjetiva

   1) Incluye todos los participios atributivos

      a) Definido restrictivo atributivo ("restrictivo" denota que el participio sirve para identificar al sustantivo que modifica). Jn. 6:50, ὁ ἄρτος ὁ...καταβαίνων, "el pan que desciende."

           Jn. 4:11, τὸ ὕδωρ τὸ ζῶν.

      b) Definido no restrictivo atributivo (no restrictivo denota que el participio da información adicional sobre el sustantivo, pero no sirve en ese pasaje para identificar al sustantivo). Jn. 7:50, Νικόδημος ... ὁ ἐλθὼν πρὸς αὐτὸν πρότερον, "Nicodemo ... el que vino a él antes." (conocemos a Nicodemo por su nombre; por esto, la frase participial que sigue no sirve en este pasaje para identificar Nicodemo para nosotros).

      c) Indefinido restrictivo atributivo ("indefinido" porque el sustantivo no lleva artículo). Jn. 15:2, πᾶν κλῆμα ... μὴ φέρον καρπόν, "Todo sarmiento no lleva fruto."

           Jn. 4:10, ὕδωρ ζῶν.

d) Indefinido no restrictivo atributivo:

Jn. 5:2, κολυμβήθρα, ἡ ἐπιλεγομένη Ἑβραιστὶ Βηθζαθὰ, πέντε στοὰς ἔχουσα,

"un estanque que en hebreo se llama Betzata, el cual tiene cinco pórticos."

Jn. 4:14, πηγὴ ... ἀλλομένου.

e) Los participios restrictivos pueden modificar sustantivo no escrito, es decir, pueden ser usados sustantivamente.

Definido:
Jn. 3:13, ὁ ἐκ τοῦ οὐρανοῦ καταβάς,

"el que descendió del cielo."

Indefinido:
Jn. 10:21, ταῦτα τὰ ῥήματα οὐκ ἔστιν δαιμονιζομένου,

"Estos no son dichos de un endemoniado."

Jn. 1:23, βοῶντος.

2) Incluye algunos participios predicativos

a) Predicados primarios

(1) El participio usado como predicado del verbo copulativo, de la misma manera como complemento del sujeto del verbo "ir" y otros.

Jn. 18:18, ἦν δὲ καὶ ὁ Πέτρος μετ᾽ αὐτῶν ἑστὼς καὶ θερμαινόμενος,

"y Pedro también estaba con ellos, estando en pie y calentándose."

Jn. 1:31, ἦλθον ἐγὼ … βαπτίζων.

(2) El participio usado en forma perifrástica en varios tiempos.

Jn. 3:24, οὔπω γὰρ ἦν βεβλημένος εἰς τὴν φυλακὴν Ἰωάννης,

"pues todavía Juan no había sido echado en la cárcel."

Jn. 3:28, ἀπεσταλμένος εἰμὶ.

b) Predicados secundarios

El participio es usado como complemento indirecto del objeto de un verbo.

Jn. 1:29, βλέπει τὸν Ἰησοῦν ἐρχόμενον,

"ve que Jesús venía."

Jn. 1:32, τεθέαμαι τὸ πνεῦμα καταβαῖνον.

b. *Función adverbial*

Esta forma incluye todos los participios predicados excepto los de la sección 2) (arriba). Note también que los participios del genitivo absoluto, siempre son participios adverbiales.

1) *Tiempo.* Pueden ser traducidos por cláusulas de tiempo introducidas por "mientras" (si es tiempo presente), "después" (si es tiempo aoristo), etc.

Jn. 6:59, Ταῦτα εἶπεν ... διδάσκων,
   "Estas cosas dijo ... mientras enseñaba."

Jn. 4:54, ἐλθών.

2) *Condición.* Pueden ser traducidos por cláusulas de condición introducidas por "si", etc.

1 Cor. 11:29, μὴ διακρίνων τὸ σῶμα,
   "si no discierne el cuerpo."

Ga. 6:9, μὴ ἐκλυόμενοι.

3) *Concesión.* Pueden ser traducidos por cláusulas introducidas por "aunque," etc.

Jn. 9:25, τυφλὸς ὤν,
   "aunque era ciego."

Jn. 12:37, αὐτοῦ ... πεποιηκότος.

4) *Causa*. Pueden ser traducidos por cláusulas introducidas por "porque," etc.

Jn. 5:13, ὄχλου ὄντος ἐν τῷ τόπῳ,
  "porque había un gentío en aquel lugar."

Jn. 11:51, ἀρχιερεὺς ὤν.

5) *Propósito*. Pueden ser traducidos por cláusulas introducidas por "para que," "para," etc. (El participio futuro, que es raro en el N.T., denota propósito).
II Cor. 1:23, φειδόμενος ὑμῶν,
  "por consideración de vosotros (para evitar pena a vosotros)"

Jn. 6:6, πειράζων αὐτόν.

6) *Resultado* (sin tener el significado de propósito).
Mc. 7:13, ἀκυροῦντες τὸν λόγον τοῦ θεοῦ,
  "como resultado anulando así la palabra de Dios."

Jn. 5:18, ἴσον ἑαυτὸν ποιῶν τῷ θεῷ.

7) *Medios*. Denota el agente, intrumento, o medios de una acción.
Mt. 6:27, τίς δὲ ἐξ ὑμῶν μεριμνῶν δύναται,
  "Y quien de vosotros, por mucho que se afane, puede ... ?"

Jn. 20:31, πιστεύοντες.

8) *Manera*.
Hech. 2:13, ἕτεροι δὲ διαχλευάζοντες ἔλεγον,
  "pero otros burlándose (es decir, a manera de burla) decían."

1 Co. 9:26, ὡς οὐκ ἀέρα δέρων.

9) *Circunstancia contemporánea.* Casi siempre *sigue al verbo principal* en el orden de las palabras, casi siempre en el tiempo presente. Describe una acción o un estado que ocurre al *mismo tiempo* como el verbo principal, pero sin modificar o limitar el verbo principal como en los usos anteriores.

Jn. 19:5, ἐξῆλθεν οὖν ὁ Ἰησοῦς ἔξω, φόρων τὸν ἀκάνθινον στέφανον,

"Jesús entonces salió, llevando la corona de espinas."

Jn. 19:17, βαστάζων.

10) *Circunstancia coordinada.* Normalmente *precede al verbo principal* en el orden de las palabras, y casi siempre en *tiempo aoristo.* Describe una acción o un estado que ocurre *antes* del verbo principal. No modifica o limita al verbo principal, sino da información del significado del mismo modo, como el modo del verbo principal. Se debe traducir, entonces, no como un participio sino como un verbo del mismo modo como el del verbo principal, más "y." (Puede ocurrir más de un participio en una cláusula).

Jn. 12:24, ἐὰν μὴ ὁ κόκκος τοῦ σίτου πεσὼν εἰς τὴν γῆν ἀποθάνῃ,

"A menos que el grano de trigo *caiga* en tierra y muera."

Jn. 12:36, ἀπελθὼν ἐκρύβη,

"*se fue y* escondióse."

Jn. 12:14, εὑρὼν ... ἐκάθισεν.
(En Mc. 15:36 hay una serie de tres de esta clase de participio).

11) *Aposición.* Se refiere a la *misma acción* del verbo principal.

Jn. 1:32, ἐμαρτύρησεν Ἰωάννης λέγων,

"Juan dio testimonio diciendo."

Jn. 4:31, λέγοντες.

c. *Función sustantiva*

Son las frases participiales que son iguales a las cláusulas sustantivas. Contestan la pregunta "¿Qué?" Se usan muchas veces como complemento directo de un verbo.

III Jn. 4, ἵνα ἀκούω τὰ ἐμὰ τέκνα ἐν τῇ ἀληθείᾳ περιπατοῦντα,

"que oigo que mis hijos andan en la verdad."

Mc. 5:30, ἐξελθοῦσαν.

Resumen de las Construcciones

Tiempo

1. Tiempo definido

   a. Tiempo dentro del cual se realiza o sucede algo.

   Caso genitivo.
   Jn. 3:2, οὗτος ἦλθεν ... νυκτός,
      "Este vino ... durante la noche."

   b. Punto de tiempo

   1) Caso Dativo.
   Jn. 2:1, τῇ ἡμέρᾳ τῇ τρίτῃ,
      "al tercer día."

   2) ἐν con el caso dativo.
   Jn. 1:1, Ἐν ἀρχῇ ἦν ὁ λόγος,
      "En el principio era el Verbo."

   c. Extensión de tiempo

   Caso acusativo.
   Jn. 4:40, ἔμεινεν ἐκεῖ δύο ἡμέρας,
      "se quedó allí (por) dos días."

2. Tiempo relativo

a. *Anterior* al verbo principal

1) Frase preposicional: μετά con el acusativo.
Jn. 4:43, Μετὰ δὲ τὰς δύο ἡμέρας,
"y después de dos días."

2) Participio aoristo (temporal).
Jn. 16:8, ἐλθὼν ἐκεῖνος ἐλέγξει,
"cuando él haya venido convencerá."

3) Cláusulas

a) Tiempo real. Cláusulas introducidas por "cuando" (ὅτε, ὡς, etc.) con el modo indicativo.
Jn. 6:24, ὅτε οὖν εἶδεν ὁ ὄχλον,
"cuando, pues, la gente vio."

b) Tiempo casual. Cláusulas introducidas por "cuando (-quiera)," etc. (ὅταν, etc.) con el modo subjuntivo.
Jn. 4:25, ὅταν ἔλθῃ ἐκεῖνος,
"cuando aquél venga."

b. Del *mismo tiempo* que el verbo principal

1) Frase preposicional: ἐν con el caso dativo.
Lc. 24:15, ἐν τῷ ὁμιλεῖν αὐτούς,
"mientras ellos hablaban (es decir, en su hablar)."

2) Participio presente (temporal).
Jn. 6:59, Ταῦτα εἶπεν ... διδάσκων,
"Estas cosas dijo ... mientras enseñaba (enseñando)."

3) Cláusulas

a) Tiempo real. Cláusulas introducidas por "mientras" (ἕως, ὡς, etc.).
Jn. 9:4, ἡμᾶς δεῖ ἐργάζεσθαι ... ἕως ἡμέρα ἐστίν,
"Es menester que trabajemos ... mientras es de día."

b) Tiempo casual. Cláusulas introducidas por "mientras," etc., con el modo subjuntivo.
Mt. 14:22, καὶ προάγειν αὐτὸν εἰς τὸ πέραν, ἕως οὗ ἀπολύσῃ τοὺς ὄχλους,
"e ir delante de él al otro lado, mientras él despedía las multitudes."

c. *Posterior* al verbo principal

1) Frases preposicionales:

a) ἕως con el caso genitivo.
Lc. 23:44, σκότος ἐγένετο ἐφ᾽ ὅλην τὴν γῆν ἕως ὥρας ἐνάτης,
"hubo tinieblas sobre toda la tierra hasta la hora nona."

b) πρό con el caso genitivo.
Jn. 1:48, πρὸ τοῦ σε Φίλιππον φωνῆσαι ... εἶδόν σε,
"Antes que Felipe te llamara ... te ví."

2) πρίν o πρίν ἤ con el infinitivo.

Jn. 4:49, κατάβηθι πρὶν ἀποθανεῖν τὸ παιδίον μου,

"baja antes que muera mi hijo."

3) Participio futuro, o participio presente de μέλλω con un infinitivo.

Jn. 6:64, ἤδει ... ὁ Ἰησοῦς ... τίς ἐστιν ὁ παραδώσων αὐτόν,

"sabía Jesús ... quien era el que le había de entregar."

Jn. 12:4, λεγει δὲ Ἰούδας ... ὁ μέλλων αὐτόν παραδιδόναι,

"Dijo ... Judas ... el cual le iba a entregar."

4) Cláusulas

a) Tiempo real. Cláusulas introducidas por "hasta" (ἕως, ἄχρι, etc.) con el modo indicativo.

Jn. 9:18, οὐκ ἐπίστευσαν οὖν οἱ Ἰουδαῖοι ... ἕως ὅτου ἐφώνησαν τοὺς γονεῖς αὐτοῦ,

"Mas los judíos no creyeron ... hasta que llamaron a los padres de él."

b) Tiempo casual. Cláusulas introducidas por "hasta" con el modo subjuntivo.

Lc. 21:24, ἄχρι οὗ πληρωθῶσιν καιροὶ ἐθνῶν,

"hasta que los tiempos de los gentiles sean cumplidos."

Causa

1. Frases preposicionales

   a. ἀντί con el genitivo.
   Ef. 5:31, ἀντὶ τούτου,
   "Por esto."

   b. διά con el acusativo.
   Jn. 2:24, διὰ τὸ αὐτὸν γινώσκειν πάντας,
   "porque conocía a todos."

   c. χάριν con el genitivo.
   1 Jn. 3:12, χάριν τίνος;
   "por qué causa?"

2. Participio.
   Jn. 5:13, ὄχλου ὄντος ἐν τῷ τόπῳ,
   "por haber un gentío en el lugar."

3. Cláusulas introducidas por γάρ, ὅτι, etc.
   Jn. 2:25, ὅτι οὐ χρείαν εἶχεν,
   "porque no tenía necesidad."

Condición

1. Participio.
   Gal. 6:9, θερίσομεν μὴ ἐκλυόμενοι,
   "segaremos si no desmayamos."

2. Cláusulas

   a. Condición de hecho. Condición real en presente o pasado. εἰ con el indicativo.
   Jn. 3:12, εἰ τὰ ἐπίγεια εἶπον ὑμῖν,
   "Si os he dicho cosas terrenales."

   b. Condición de probabilidad o casualidad. Condición general o futura. ἐάν con el subjuntivo.
   Jn. 3:12, πῶς ἐὰν εἴπω ὑμῖν τὰ ἐπουράνια πιστεύσετε;
   "¿cómo creeríais si os hablase de cosas celestiales?"

   c. Condición contraria al hecho. εἰ con el indicativo (tiempos secundarios), algunas veces con ἄν en la proposición en que se completa el sentido de la anterior condicional (apódosis).
   Jn. 11:21, κύριε, εἰ ἧς ὧδε, οὐκ ἂν ἀπέθανεν ὁ ἀδελφός μου,
   "Señor, si hubieras estado aquí, no hubiera muerto mi hermano."

Concesión

Esta construcción es similar a la construcción de condición que ya se ha estudiado, en cuanto a la forma se refiere, pero denota una conclusión contraria a la que resulta de una condición.

1. Participio.
   Jn. 9:25, τυφλὸς ὢν ἄρτι βλέπω,
   "aunque yo era ciego, ahora veo."

2. Cláusulas

   a. Concesión real. εἰ καί o εἰ con el indicativo (tiempos presente o pasado).
      Lc. 18:4-5, εἰ καὶ τὸν θεὸν οὐ φοβοῦμαι ... ἐκδικήσω αὐτήν,
      "Aunque yo no tengo temor a Dios ... le haré justicia."

   b. Concesión de futuro cierto o probable. Considerado no como una probabilidad o casualidad, sino como un hecho previsto. εἰ καί o εἰ con el futuro indicativo.
      Lc. 11:8, εἰ καὶ οὐ δώσει αὐτῷ ἀναστὰς διὰ τὸ εἶναι φίλον αὐτοῦ ...
      "si no se levanta y se los da por ser amigo suyo, a lo menos por su desvergüenza se levantará y le dará."

   c. Concesión de probabilidad o casualidad. ἐὰν καί, καὶ ἐάν o ἐάν con el subjuntivo.
      Jn. 11:25, ὁ πιστεύων εἰς ἐμὲ κἂν ἀποθάνῃ ζήσεται,
      "el que cree en mí, aunque muera, vivirá."

Propósito

1. Frase preposicional: εἰς (algunas veces πρός) con el acusativo.
   Jn. 9:39, εἰς κρίμα,
   "para (con el propósito de) juicio."

2. Participio.
   Jn. 6:6, τοῦτο δὲ ἔλεγεν πειράζων αὐτόν,
   "Esto lo decía para (con el propósito de) probarle."

3. Infinitivo sin artículo.
   Jn. 1:33, ὁ πέμψας με βαπτίζειν,
   "el que me envió a bautizar (es decir, con el propósito de bautizar)."

4. Caso genitivo del infinitivo con artículo.
   Mt. 11:1, μετέβη ἐκεῖθεν τοῦ διδάσκειν καὶ κηρύσσειν,
   "partió de allí con el propósito de enseñar y predicar."

5. Cláusulas introducidas por ἵνα, ὅπως, a veces μή.
   Jn. 3:16, ἵνα πᾶς ὁ πιστεύων εἰς αὐτὸν μὴ ἀπόληται,
   "para que todo el que crea en El no perezca."

Resultado

1. La expresión más regular para indicar resultado: ὥστε, con el infinitivo (dos veces en el Nuevo Testamento con el indicativo).
   I Cor. 13:2, κἂν ἔχω πᾶσαν τὴν πίστιν ὥστε ὄρη μεθιστάναι,
   > "y si tuviera toda la fe, con el resultado de que pudiera trasladar los montes."

2. Expresiones que ordinariamente no expresan resultado, sino que de vez en cuando denotan resultado como algo distinto de propósito.

   a. Participio.
   Jn. 5:18, πατέρα ἴδιον ἔλεγεν τὸν θεόν, ἴσον ἑαυτὸν ποιῶν τῷ θεῷ,
   > "decía a Dios su propio padre, haciéndose, por tanto, igual a Dios."

   b. Frase preposicional: εἰς con el acusativo.
   Rom. 1:20, εἰς τὸ εἶναι αὐτοὺς ἀναπολογήτους,
   > "Con el resultado de que son inexcusables."

   c. Infinitivo sin artículo.
   Apoc. 5:5, ἐνίκησεν ὁ λέων ὁ ἐκ τῆς φυλῆς Ἰούδα, ... ἀνοῖξαι τό βιβλίον,
   > "venció el león de la tribu de Judá ... con el resultado de que él puede abrir el libro.

d. Caso genitivo del infinitivo con articulo.

Rom. 7:3, ἐὰν δὲ ἀποθάνῃ ὁ ἀνήρ, ἐλευθέρα ἐστὶν ἀπὸ τοῦ νόμου, τοῦ μὴ εἶναι αὐτὴν μοιχαλίδα γενομένην ἀνδρὶ ἑτέρῳ,

"pero si el marido muere, ella queda libre de la ley, con el resultado de que ella no será adúltera si se une a otro marido."

e. Cláusulas introducidas por ἵνα o ὅπως.

Jn. 9:2, ῥαββί, τίς ἥμαρτεν, ... ἵνα τυφλὸς γεννηθῇ;

"Rabbí, ¿quién pecó ... con el resultado que naciera ciego?

Expresiones Sustantivadas

1. Forma directa.

Jn. 3:3, εἶπεν αὐτῷ, ἀμὴν ἀμὴν ...

"le dijo, 'En verdad, en verdad ...'"

2. Cláusulas (no casuales) introducidas por ὅτι. Cuando ὅτι significa "que," la cláusula es la forma indirecta de una declaración en el modo *indicativo.* preserva el tiempo y el modo de la declaración directa.

Jn. 1:34, μεμαρτύρηκα ὅτι οὗτός ἐστιν ὁ υἱὸς τοῦ θεοῦ,

"he dado testimonio que éste es el Hijo de Dios."

3. Cláusulas (no de propósito o resultado) introducidas por ἵνα, ὅπως, o μή. La forma indirecta de las declaraciones cuya forma directa estaría en un modo diferente del modo indicativo; o una cláusula que define, limita o expresa el contenido de un sustantivo, adjetivo, etc. Toma el modo subjuntivo (muy extraño en futuro indicativo).

Jn. 4:47, ἠρώτα ἵνα καταβῇ καὶ ἰάσεται αὐτοῦ τὸν υἱόν,
  "le rogó que bajase y curase su hijo."

Jn. 1:27, οὐκ εἰμὶ ἄξιος ἵνα λύσω αὐτοῦ τὸν ἱμάντα τοῦ ὑποδήματος,
  "yo no soy digno de desatar (que yo desate) la correa de la sandalia."

4. Infinitivo sin artículo. Forma alternativa para cláusulas introducidas por ἵνα o ὅτι en la declaración indirecta (vea 2 y 3).

Jn. 21:25, οὐδ᾽ αὐτὸν οἶμαι τὸν κόσμον χωρήσει τὰ γραφόμενα βιβλία,
  "creo que ni siquiera el mundo mismo tendría lugar para los libros que fueran escritos. (Lit. ... el mundo mismo no tener lugar para ...)"

Jn. 4:40, ἠρώτων αὐτὸν μεῖναι παρ᾽ αὐτοῖς,
  "le rogaban que se quedase (es decir, le rogaban quedarse) con ellos."

5. Caso genitivo del infinitivo con artículo. Para definir o limitar un sustantivo, etc., al igual que las cláusulas introducidas por ἵνα (vea 3).

Lc. 10:19, δέδωκα ὑμῖν τὴν ἐξουσίαν τοῦ πατεῖν ἐπάνω ὄφεων,
  "Yo os he dado poder para andar sobre serpientes."

6. Frase preposicional: εἰς con el acusativo. Puede usarse en el sentido del predicado de un verbo.

II Tes. 2:1-2, Ἐρωτῶμεν δὲ ὑμᾶς ... εἰς τὸ μὴ ταχέως σελευθῆναι ὑμᾶς,

"Os rogamos, pues, ... que no os turbéis de ligero."

I Cor. 15:45, ἐγένετο ὁ πρῶτος ἄνθρωπος Ἀδὰμ εἰς ψυχὴν ζῶσαν,

"El primer hombre Adán, fue hecho alma viviente."

Preguntas

Pueden estar precedidas por οὐ si se espera una respuesta afirmativa, o por μή si se espera una respuesta negativa. Las construcciones de preguntas se han de clasificar bajo *cada una* de los siguientes encabezamientos:

1. Reales o Retóricas

    a. Reales: piden información

    b. Retóricas: no requieren respuesta.

2. De hecho o de contingencia

    a. De hecho: tienen que ver con hechos; modo indicativo.

    b. Contingentes: tienen que ver con posibilidad, deseo, obligación, o necesidad; modo subjuntivo.

3. Directas o Indirectas

Las preguntas indirectas normalmente conservan el tiempo, modo, y cualquier palabra interrogativa de la forma directa de la pregunta. Cuando la forma directa no tiene ninguna palabra interrogativa, la forma indirecta se introduce algunas veces por εἰ "si."

Jn. 4:12, μὴ σύ μείζων εἶ τοῦ πατρὸς ἡμῶν Ἰακώβ;
"¿Acaso eres tú más grande que nuestro Padre Jacob?"
(Esta es una pregunta real, de hecho, directa, y que espera una respuesta negativa).

Jn. 12:49, αὐτός μοι ἐντολὴν δέδωκεν τί εἴπω,
"El me ha dado mandamiento en cuanto a que hablar (es decir, un mandamiento que responde la pregunta aquí implicada),"
"¿Qué debería yo hablar?" (Esta pregunta es real, que expresa un deseo, en forma indirecta implicada en la sentencia afirmativa).

Algunas Indicaciones para Hacer Exégesis

Puntos adicionales que deben observarse

1. Palabras

   a. El significado de formación
      P.e., στέφανος, "corona del vencedor;"
         διάδημα, "corona del rey"

   b. Prefijos, sufijos, etc.
      P.e., αμφίβληστρον, "red de pescar,"
      que viene de:
         βλη-, arrojar
         ἀμφι-, alrededor
         -τρον, instrumento

2. Concordancia

   a. Caso
      P.e., la concordancia de ποιμένα con Ἰησοῦν y no con θεός en Heb. 13:20, muestra que es "Jesús," no "Dios," quien es "el gran Pastor de las ovejas"

b. Género

P.e., en Efe. 2:8, τοῦτο no concuerda ni con "gracia," ni con "fe;" es neutro y significa "esta entera condición," y no "esta fe" o "esta gracia"

c. Número

P.e., en Heb. 12:14, donde se incluyen tanto número como género: οὗ, "el cual," es singular y por lo tanto no puede referirse *tanto* a "paz" *como* a "santidad," como si fuera "aparte de cuales cosas;" pero sí concuerda en genero con "santidad," lo cual indica que "aparte de la santidad ninguno verá al Señor"

3. Énfasis

a. Una palabra que aparece en primer lugar en una cláusula por lo general es enfática. El sujeto o el verbo comúnmente aparecen primero, y por ende constituyen las palabras enfáticas de una cláusula. Pero, si alguna otra palabra aparece primero, existe probable énfasis sobre esta palabra.
P.e., el complemento directo θεὸν en la primera cláusula de Jn. 1:18, οὕτως en Jn. 3:16 y ἀπὸ θεοῦ en Jn. 3:2.

b. Una palabra que aparece fuera de su orden común o usual es muy probable que sea enfática.
P.e., una palabra en genitivo que precede en vez de seguir la palabra a la cual se refiere, como θεοῦ tres veces en I Cor. 3:9

c. Note el uso de las palabras enfáticas (p.e., ἐγώ, etc.) y de los enclíticos acentuados a causa de énfasis.

Indicaciones en cuanto al procedimiento

1. Cláusulas

   a. Si es una cláusula *dependiente*, qué quiere decir?

      1) Una cláusula *sustantiva* dice "qué" (lo que él dijo, lo que vimos, etc.). Se puede introducir por ὅτι, ἵνα, etc.

      2) Una cláusula *adjetiva* dice "cuál" e ideas similares (cual hombre, cuya casa, etc.). La mayoría se introducen por pronombres relativos o adjetivos relativos.
      P.e., ὅς, ὅστις, ὅσος.

      3) Una cláusula *adverbial* da la mayoría de las otras calificaciones—cuándo, dónde, cómo, por qué, resultado, condición, etc. Se introducen por conjunciones subordinadas, adverbios relativos, etc.
      P.e., ὅτε, ὅπου, γάρ, εἰ.

   b. Una cláusula *independiente* puede introducirse por una conjunción de adición o de contraste (p.e., "y," "pero," "sin embargo"—καί, δέ, ἀλλά) o puede ser que no tenga ninguna palabra introductoria.

2. Sustantivos

   ¿Cuál es el *uso* de su caso?
   ¿Cuál es el uso del artículo, o de la ausencia de artículo?

3. Pronombres

¿Cuál es su antecedente (es decir, a qué palabra se refiere)?
¿Qué tipo de pronombre es y por lo tanto, que significa?

4. Adjetivos y participios

¿A qué modifica?
¿Está en posición atributiva o predicativa, y por lo tanto cuál es su significado?

5. Verbos

¿Cuál es el *uso* de su modo (o, Cuál es su función si fuera un participio o un infinitivo)?
¿Cuál es el *uso* de su tiempo?

Notas especiales en cuanto a las formas indirectas

1. Si la forma *directa* o una declaración similar directa está o estuviera en el modo *indicativo*, su forma indirecta será expresada ya sea por ὅτι con el modo indicativo o por un infinitivo;
    P.e., Jn. 1:34, Lc. 11:18, ἐκβάλλειν με.

2. Si la forma directa o una declaración similar directa está o estuviera en el modo subjuntivo, imperativo, u optativo, su forma indirecta será expresada ya sea por ἵνα (a veces ὅπως) con el modo subjuntivo o por un infinitivo;
    P.e., Jn. 4:47, Jn 4:40.

3. Una pregunta indirecta generalmente se introduce por la misma palabra interrogativa que introduciría su forma directa;
    P.e., τί en Jn. 2:25, πότε en Lc. 17:20.

4. Tanto en declaraciones como en preguntas, la forma *indirecta* retiene el tiempo que su forma *directa* tiene o tendría.

www.ingramcontent.com/pod-product-compliance
Lightning Source LLC
Chambersburg PA
CBHW081212020426
42331CB00012B/3008